EXPANDIDOS

Caro(a) leitor(a),
Queremos saber sua opinião sobre nossos livros.
Após a leitura, siga-nos no **linkedin.com/company/editora-gente**,
no TikTok **@editoragente** e no Instagram **@editoragente**
e visite-nos no site **www.editoragente.com.br**.
Cadastre-se e contribua com sugestões, críticas ou elogios.

RENATO ALVES

EXPANDIDOS

UM GUIA PARA **EXPANSÃO DA CONSCIÊNCIA**
E DESPERTAR PARA UMA VIDA COM **EQUILÍBRIO,**
HARMONIA E PRODUTIVIDADE

Diretora
Rosely Boschini

Gerente Editorial Sênior
Rosângela de Araujo Pinheiro Barbosa

Editora Júnior
Carolina Forin

Assistente Editorial
Fernanda Costa

Produção Gráfica
Fábio Esteves

Edição de Texto
Giulia Molina

Preparação
Vero Verbo Serv. Editoriais

Capa
Maria Fernanda Pereira Cardoso
Mariana Ferreira

Projeto Gráfico e Diagramação
Gisele Baptista de Oliveira

Revisão
Andresa Vidal
Algo Novo Editorial

Ilustrações p. 24, 113 e 148
Marília Navickaite

Impressão
Edições Loyola

Copyright © 2024 by Renato Alves
Todos os direitos desta edição
são reservados à Editora Gente.
Rua Natingui, 379 – Vila Madalena
São Paulo, SP – CEP 05443-000
Telefone: (11) 3670-2500
Site: www.editoragente.com.br
E-mail: gente@editoragente.com.br

Dados Internacionais de Catalogação na Publicação (CIP)
Angélica Ilacqua CRB-8/7057

Alves, Renato
　　Expandidos : um guia para expansão da consciência e despertar
para uma vida com equilíbrio, harmonia e produtividade / Renato Alves.
– São Paulo : Editora Gente, 2024.
　　208 p.

ISBN 978-65-5544-446-9

1. Desenvolvimento pessoal 2. Autoconsciência 3. Sucesso I. Título

24-0560　　　　　　　　　　　　　　　　　　　　　　　　　　CDD 158.1

Índice para catálogo sistemático:
1. Desenvolvimento pessoal

Todas as citações bíblicas foram padronizadas
de acordo com a Bíblia King James Fiel 1611.

NOTA DA PUBLISHER

VOCÊ JÁ SENTIU QUE ESTÁ VIVENDO NO MODO AUTOMÁTICO? Hoje em dia, é muito comum termos essa sensação, imersos em uma rotina, resolvendo problemas e questões cotidianas que, no fundo, nos distanciam das infinitas possibilidades que a vida poderia nos oferecer. Em algum momento, todos nós passamos por essa realização e questionamos: *por que estamos vivendo dessa forma?*

Indignado com essa realidade limitada, que nos impede de enxergar as oportunidades que nos cercam, Renato Alves, amigo querido, autor best-seller e especialista em técnicas de estudo e memorização, dedicou anos de pesquisa aos potenciais da mente que o levaram a concluir que "expandir a consciência é como despertar de um sono profundo".

Todo esse conhecimento Renato traz neste livro, em que nos ensina as melhores práticas para conquistar a alta performance do nosso cérebro e nos guia por um caminho de transformação que comprova que todos podemos chegar lá. Só assim seremos capazes de encontrar respostas, curar traumas e abrir caminhos para uma vida com mais significado.

Abra-se a esta nova perspectiva de promessas você também, e vamos juntos expandir nossos olhares, explorar os mistérios do mundo e alcançar a transformação de vida que sempre desejamos!

Rosely Boschini
CEO e Publisher da Editora Gente

Para meu filho, Miguel, que mesmo tão novo tem o dom incrível de abrir meus olhos para novas perspectivas de mundo. Sua juventude e seu olhar curioso me ensinam a ver a vida sob ângulos surpreendentes e renovados.

Para minha esposa, Ariane, cuja compreensão e apoio têm sido fundamentais em minha jornada como escritor. Sua paciência e amor em minhas longas horas de introspecção são o suporte que torna minha escrita não apenas possível, mas também profundamente enriquecedora.

SUMÁRIO

AGRADECIMENTOS.................................. 11

PREFÁCIO.. 13

INTRODUÇÃO 17

CAPÍTULO 1   **O FAROL DA CONSCIÊNCIA**........ 29

CAPÍTULO 2   **O DESAFIO DE SILENCIAR A MENTE**.................. 50

CAPÍTULO 3   **OS OBSTÁCULOS PARA A EXPANSÃO DA CONSCIÊNCIA**.... 58

CAPÍTULO 4   **ABRINDO OS CAMINHOS PARA A EXPANSÃO**.................. 72

CAPÍTULO 5   **O RITUAL DO RENASCIMENTO** ... 90

CAPÍTULO 6   **O RITUAL DO SOL**.................... 104

CAPÍTULO 7 **O RITUAL DA RESPIRAÇÃO**.......110

CAPÍTULO 8 **O RITUAL DE PURIFICAÇÃO DO CORPO** 116

CAPÍTULO 9 **O RITUAL DE CONCENTRAÇÃO**..125

CAPÍTULO 10 **O RITUAL DE CONEXÃO COM A NATUREZA** 137

CAPÍTULO 11 **O RITUAL DE MEDITAÇÃO**.........147

CAPÍTULO 12 **O RITUAL DE ESTÍMULO DA ENERGIA KUNDALINI** 161

CAPÍTULO 13 **AS CHAVES DO REINO INTERNO**.......................185

CAPÍTULO 14 **O NASCIMENTO DE UMA NOVA CIVILIZAÇÃO** 201

AGRADECIMENTOS

SOU IMENSAMENTE GRATO AOS AMIGOS ERICK LEITE, FAGNER Borges, Tatiane Ottoni, Rafael Somera, Bianca Bissoni, João Olimar, Cláudio e Guilherme Goss, cujas longas conversas e partilhas de experiências sobre espiritualidade e expansão da consciência enriqueceram profundamente este livro. Suas vivências pessoais, conhecimentos e pontos de vista foram pilares fundamentais na construção desta obra.

Um agradecimento especial à minha editora, Rosely Boschini, e à Editora Gente, que prontamente compreenderam a essência do que eu estava criando e me proporcionaram a validação que tanto buscava. À equipe da Editora Gente, em especial a Carolina Forin, Camila Hannoun e Fabrício Batista, e a todos os colaboradores que tiveram um papel neste projeto, conhecidos ou não, minha eterna gratidão.

Estendo meus agradecimentos a toda equipe da Memory Academy, a maior escola de memorização do mundo, que incansavelmente trabalha para disseminar nossa mensagem, proporcionando conhecimento, expansão e evolução a milhares de pessoas ao redor do planeta. Também agradeço a todos os nossos leitores e clientes por confiarem em meu trabalho.

Um agradecimento carinhoso e especial a todos os membros do Céu de Ananda, em especial a Tatiana Vieira e Fábio Brizola, e aos guardiões Maicon Mask, Calvin Maister e Fer Cardoso, assim como Larissa e todos os membros desse belo grupo que irradia força, amizade e amor. Juntos, compartilhamos momentos inesquecíveis durante diversas consagrações.

Por fim, um agradecimento profundo à Família Mahakaruna, representada pelos queridos Cesar Lopes e Neli Duarte, e a todos os guardiões por transbordarem energia de luz e amor que emanam ao mundo, tocando e transformando vidas.

PREFÁCIO

"ONDE DEIXEI A CHAVE DO CARRO?"

Esta pergunta aparentemente trivial revela um desafio cotidiano enfrentado por muitos, um reflexo de nossa luta constante contra o esquecimento, enquanto aspiramos a grandes conquistas em um mundo marcado por crescentes índices de ansiedade e depressão.

Em meio a esse cenário, surge uma figura extraordinária que memoriza sequências com mais de 110 palavras e números com mais de 110 dígitos aleatórios, estabelecendo um novo recorde brasileiro e conquistando o título de melhor memória do Brasil. E aqui estou eu, lutando para lembrar onde coloquei as chaves apenas alguns minutos atrás. Sim, isso parece inacreditável, mas é a realidade que o autor deste livro desvenda diante de nós.

Essa conquista instiga uma pergunta fundamental: "Como alguém, com um cérebro como o nosso, pode realizar tal feito extraordinário?". Entretanto, a verdadeira questão não é o que está por trás dessa habilidade, mas sim o que reside dentro de um ser capaz de superar seus limites de maneira tão impressionante. Este livro é um guia revelador para desbravar as barreiras que limitam nosso potencial e nos impedem de expandir e de alcançar uma vida plena e realizada.

Avançamos de maneira significativa no mundo externo: exploramos o espaço sideral, desenvolvemos tecnologias avançadas e testemunhamos o nascimento da inteligência artificial. No entanto, esse progresso externo contrasta com o estado de nosso mundo interno. Dados recentes indicam um aumento significativo nos transtornos de saúde mental e no uso de cuidados especializados nessa área. A depressão e a ansiedade, juntas, impõem um custo astronômico à economia global, em termos de perda de produtividade.

Portanto, a questão que se impõe é: avançamos tanto de modo externo quanto interno?

Este livro se apresenta como um remédio essencial para a atualidade. Ele convida o leitor a embarcar em uma jornada de crescimento interior por meio da expansão da consciência, pavimentando o caminho para um estado de ser mais próspero, feliz, amoroso e consciente. Esse caminho é trilhado não por um guru inatingível, mas por um professor que, vivendo uma vida repleta de desafios, descobriu na espiritualidade as chaves que agora compartilha de maneira simplificada e prática. Afinal, a expansão da consciência exige prática constante: como elevar os níveis de consciência sem estar consciente?

Tenho a honra de dizer que, ao ler este livro, vi refletidas minhas próprias experiências como pai, buscador e empresário. Como gostaria de ter tido acesso a esta obra antes, para evitar certos obstáculos causados pela falta de expansão em minha vida.

Ao concluir este livro, você pode se perguntar: "Tornei-me um expandido?". Lembre-se, contudo, de que o verdadeiro valor reside na jornada rumo à expansão. Esse caminho, repleto de vigilância e oração, espera por você em cada página. Inicie a leitura e embarque em uma viagem transformadora rumo ao próprio despertar.

"Vigiai e orai" (Mateus 26:41).

Boa leitura!

Rafael Régis Somera
Empresário e escritor

Quando o ser humano substituir a palavra "poder" pela palavra "amor" e realmente colocar isso em prática, nossa civilização dará um passo decisivo em direção a uma nova era.

RENATO ALVES
@renatoalves.real

INTRODUÇÃO

"SE EU CONTASSE, NINGUÉM ACREDITARIA." COM CERTEZA, você já ouviu alguém dizer esta frase. Normalmente, essa fala significa que algo realmente estranho está sendo ocultado – uma informação que provavelmente vai contra a lógica, os dogmas ou as incontáveis crenças que habitam nossas memórias.

Por exemplo, quando eu tinha 6 anos, na cidade de Campinas, no interior de São Paulo, presenciei uma situação que foge do comum. Era manhã, e eu já estava acordado, mas ainda deitado na cama. Eu olhava para cima, admirando um grande retângulo de luz projetado no teto, vindo da claridade do dia que passava pela fresta da janela. De repente, algo estranho aconteceu: uma sombra diferente começou a atravessar o retângulo como se alguém estivesse passando do lado de fora com um objeto peculiar. A sombra começava com três pontas de lança surgindo em paralelo que, em seguida, uniam-se ao centro e se convertiam em um único cabo. Era exatamente como um tridente que se manifestava bem diante de meus olhos, sem a sombra da mão que deveria estar segurando o objeto. Eu fiquei assustado e imóvel sobre a cama até aquela visão passar. Nunca compartilhei essa história com alguém, nem mesmo com meus familiares, pois, como disse, se eu contasse, ninguém acreditaria.

Outro episódio ocorreu em 2001. Eu estava dirigindo meu carro em uma viagem longa entre Tupã e São José dos Campos, ambas cidades no interior de São Paulo. Por volta do meio-dia, parei em um restaurante na cidade de Piracicaba para almoçar. Depois de fazer minha refeição, cometi o erro de não tomar um café para me manter acordado. Então, sob o calor intenso e a monotonia de uma estrada com pouco movimento, não resisti e adormeci. O carro começou a atravessar a pista, foi para o lado oposto (que, por sorte, estava vazio) e estava prestes a colidir com um barranco logo após o acostamento. Despertei assustado ao sentir em minha testa o toque de uma mão gelada. Ao sentir o peso e a temperatura daquela mão, acordei imediatamente e tomei ciência do acidente que estava prestes a ocorrer. Rapidamente retomei o controle do volante e segui minha viagem até São José dos Campos, alerta como um soldado que, de tão concentrado, nem sequer pisca os olhos. Os amigos que ouviram essa história ficaram com a expressão de incredulidade.

Em 2003, outro evento inacreditável ocorreu diante de meus olhos. Tinha acabado de chegar no quarto do hotel, exausto depois de dirigir por mais de três horas. Eram aproximadamente 15 horas, e eu tinha uma palestra para ministrar às 19 horas. Resolvi tirar uma soneca. Quando despertei havia no teto, em cima da cama, uma espécie de portal interdimensional. Era grande, tomando metade do teto do quarto, redondo, em cores nítidas e incrivelmente brilhantes, tinha uma linda borda de luz branca amarelada e, no interior, um reluzente tom de laranja. Dentro do portal três rostos angelicais me observavam, como crianças espiando um brinquedo na vitrine. Eram semelhantes aos anjinhos que costumam ser retratados aos pés das imagens sacras. Antes que pudesse questionar o que estava acontecendo, o portal fechou e desapareceu. Eu também nunca revelei essa história por uma razão óbvia: se eu contasse, ninguém acreditaria.

Minha esposa, uma sobrinha de 20 anos e eu estávamos sentados à mesa, almoçando na sacada e admirando a vista deslumbrante do trigésimo andar de nosso apartamento em Santa Catarina. Foi então que minha sobrinha notou algo incomum no céu e perguntou: "Tio, o que é aquilo?". À primeira vista, pareciam três paraquedas coloridos descendo em direção à rodovia BR-101. Contudo, ao observar atentamente, percebi movimentos sincronizados tão precisos que, mesmo sendo leigo sobre o assunto, seria impossível para paraquedistas. Peguei um binóculo na sala para observar melhor. Eram três esferas gigantescas (maiores que um automóvel) aparentemente metálicas, que mudavam de cor continuamente, alinhando-se em formação triangular, depois empilhando-se uma sobre a outra, movendo-se em direção às montanhas próximas à cidade de Camboriú. Eram grandes demais para serem drones, mais rápidas que balões meteorológicos e muito próximas umas das outras para serem helicópteros. Registramos o evento até onde as lentes da câmera podiam alcançar. Entretanto, ao mostrar a filmagem para a primeira pessoa, ela nos encarou e disse com incredulidade: "Eu não acredito!".

Por que escolhi iniciar este livro com histórias tão surpreendentes? Por que revelar, logo na introdução, experiências que muitos poderiam considerar estranhas ou sobrenaturais? A resposta é simples: se você achou as narrativas anteriores inusitadas, prepare-se. Elas são apenas uma fração do que estou prestes a desvendar nos próximos capítulos.

Antes de prosseguirmos, é fundamental esclarecer: este não é um livro de ficção. Cada evento descrito aqui é real, vivido e testemunhado. Quero também ressaltar que, apesar do meu profundo respeito e admiração pelas ciências tradicionais do mundo todo e que anualmente produzem inúmeros artigos de alta qualidade, este livro navega por águas diferentes. Ele explora os mistérios do mundo, fenômenos que ainda desafiam as explicações científicas convencionais. Portanto, as raízes deste livro vão nos levar em alguns momentos ao cristianismo, em outros às tradições milenares do Egito e do Oriente, bem como às cerimônias indígenas, todos eles contribuindo com suas maiores qualidades e, acima de tudo, com uma mensagem poderosa de amor, fé, esperança e espiritualidade – elementos cada vez mais presentes em nossa sociedade.

Relato fenômenos sobrenaturais e de sincronicidades que ocorrem o tempo todo ao nosso redor, muitas vezes imperceptíveis à maioria, mas visíveis para aqueles com consciências expandidas, a quem carinhosamente chamarei de "expandidos". A expansão da consciência não é apenas uma transformação – é uma metamorfose profunda e necessária atualmente. Quando abordo essa transformação, não

INTRODUÇÃO **19**

estou me referindo a um conceito superficial, frequentemente usado em propagandas. Estou falando de uma transformação radical, semelhante à da lagarta que se encerra em seu casulo, abandonando sua forma rastejante para emergir completamente transformada – um ser alado, radiante, com a liberdade de voar, olhar tudo de cima e explorar novos horizontes.

Essa transformação é um chamado da natureza, um convite à metamorfose que ecoa também para nós, seres humanos. Somos instigados a sair do marasmo, a nos lançar em uma jornada de transformação, sobretudo naqueles momentos em que nos sentimos perdidos nos desertos da vida – confusos, exaustos, sedentos por mudança, buscando saídas para situações que nos aprisionam. Todos nós, em algum momento, enfrentamos desafios e situações realmente difíceis. As maiores mudanças surgem justamente após os piores momentos, aqueles em que somos empurrados para o abismo.

Em diversas ocasiões, eu me vi perdendo o equilíbrio e despencando desse penhasco imponente chamado vida. Durante minha queda mais profunda, refugiei-me em um processo de introspecção, reavaliando cada escolha que vinha fazendo. Foi nesse período de profunda reflexão que encontrei a ayahuasca, uma bebida sagrada e medicinal usada por povos indígenas da América do Sul, celebrada por sua capacidade de expandir a consciência instantaneamente. Mergulhei em dezenas de artigos e textos científicos sobre o tema, mas minha atuação como pesquisador cognitivo, impulsionada pelo desejo de compreender empiricamente os efeitos dessa bebida, levou-me a uma experiência direta com ela. Submeter meu próprio corpo ao estudo científico dos efeitos da ayahuasca foi o primeiro passo que me conduziu a um processo de introspecção profunda, como se eu me recolhesse em um casulo. Desse estado de reclusão, emergi como uma versão transformada de mim mesmo: renascido, expandido e completamente renovado.

Durante as doze consagrações com ayahuasca das quais participei, vivenciei experiências quase impossíveis de serem descritas. Foram jornadas que levaram meu espírito a outras dimensões, onde por meio das quais acessei mundos desconhecidos e expandi minha consciência a um ponto em que pude conectar sabedorias ancestrais, que levariam anos para serem compreendidas, mesmo por um pesquisador dedicado. Ainda mais surpreendentes foram os processos de cura física, mental e espiritual que vivenciei, desafiando as explicações científicas convencionais.

Antes de prosseguir, é crucial esclarecer: a ayahuasca não é uma bebida recreativa. Diferentemente do álcool, que causa a perda da consciência, a ayahuasca o ajuda a encontrar a melhor parte de sua consciência. Essa medicina, considerada sagrada nas culturas indígenas, tem sido associada a curas de vícios, incluindo dependência de álcool e drogas, e tem desempenhado um papel significativo na recuperação da saúde de muitos. Além disso, a ayahuasca promove equilíbrio emocional, aumento da autoestima e paz interior, acelerando a expansão da consciência e permitindo a exploração das profundezas de nossa psique. E o melhor: ela nos desafia a enfrentar nossas sombras e traumas, explorando de maneira clara e amorosa as complexas camadas psicológicas que compõem nossa identidade, promovendo a cura instantaneamente.

É importante frisar também que o objetivo deste livro não é discutir detalhadamente a ayahuasca. Já existem inúmeros estudos científicos abordando suas propriedades e efeitos, basta fazer uma pesquisa na internet. Não é minha intenção também recomendar seu uso, pois esse chá não é adequado para todos. O que busco compartilhar aqui são minhas impressões como pesquisador e paciente dessa medicina ancestral e algo ainda mais importante: os efeitos práticos da jornada de expansão da consciência e os meios mais seguros e eficazes para alcançá-la, que, como veremos neste livro, não necessariamente envolvem o uso da ayahuasca ou de outras substâncias.

Tive meu primeiro encontro com a expansão da consciência aos 24 anos e, depois, aos 49, quando eu me encontrava em um estado psicológico abalado por sérios problemas pessoais. Em silêncio, eu também carregava diversos traumas de infância profundamente gravados em minha memória, enfrentava um sentimento de desânimo em meu casamento e seis anos de dependência de medicamentos para dormir. Apesar de ter uma carreira consolidada e uma situação financeira confortável, eu sentia vazio existencial e falta de propósito.

Muitos dizem que somos seres espirituais vivendo uma experiência terrestre, um pensamento que sempre me agradou, mesmo porque tive várias experiências que reforçaram essa crença, como observar um tridente surgindo do nada, sentir o toque gélido de uma mão espiritual, avistar seres angelicais flutuando diante de meus olhos e até mesmo OVNIs.

Mas, se de fato somos seres espirituais vivendo uma experiência terrestre, permita-me ser franco desde o início. A vida na Terra, como a conhecemos, muitas vezes se apresenta como uma experiência desafiadora, e até mesmo dolorosa. Guerras, fome, miséria, poluição, caça e pesca desenfreadas, desmatamento, esgotamento de recursos naturais, conflitos étnicos, lutas de poder, traição, ganância, ambição desmedida, luxúria, inveja, ódio, violência, excessos e tantas outras formas de desordem podem tornar nossa existência na Terra uma jornada angustiante. Desligar a TV ou se afastar das notícias não resolve os problemas subjacentes. Todas essas adversidades persistem por mais que você insista em se "desconectar". Não é meu objetivo ser pessimista, e sim ser honesto e compartilhar abertamente o sentimento que comungo com muitas outras pessoas.

Muitos de nós buscam conforto na espiritualidade, na religião, na terapia, na leitura de livros ou na recitação de afirmações positivas. No entanto, por vezes, essas tentativas parecem não produzir resultados significativos. Vamos à igreja, ouvimos líderes religiosos alertarem sobre o "fim dos tempos", mas, novamente, parece que nada muda na consciência das pessoas. A verdade é que, dia após dia, vemos a humanidade lutando em um mundo superpopuloso e enfrentando a ameaça de autodestruição.

Sabemos que a Terra é um lugar perfeito para se viver. Temos um lindo céu azul com uma atmosfera agradável, oceanos maravilhosos, rios e cachoeiras deslumbrantes, plantas, animais, paisagens de tirar o fôlego e um sol delicioso para nos aquecer. No entanto, por mais encantador que seja, o planeta Terra também pode ser visto como a prisão perfeita, uma espécie de Alcatraz das estrelas de onde, biologicamente, nenhum ser humano é capaz de escapar.

A verdade é que vivemos como peixes em um aquário, confinados a um espaço territorial limitado, por mais encantador que possa ser. Ainda que a Nasa, com toda a sua tecnologia, tente encontrar novos planetas ou que algum multibilionário prometa desbravar o universo no futuro, a verdade é que hoje estamos todos juntos, presos nesta gaiola espacial – e nosso maior desafio é aprendermos a viver em harmonia uns com os outros nesse cenário.

Há milênios, o livro de Gênesis ensina que o homem é feito à imagem e semelhança de Deus, o que é algo extraordinário. Entretanto, se fôssemos tão perfeitos assim e merecedores de toda essa glória, seríamos capazes de viajar pelas estrelas e experimentar todo o universo. No entanto, seguimos presos a este pequeno grão de areia diante da vastidão cósmica, onde o mais longe que conseguimos ir com todos os nossos esforços tecnológicos é até a lua e voltar.

Nosso maravilhoso corpo físico também se converte em uma espécie de prisão da alma, um casulo finito, que encontra seu limite por volta dos 70 anos. Seria um enorme desperdício imaginar que nascemos com uma biologia tão sofisticada, com um verdadeiro computador de carne dentro de nossas cabeças apenas para cumprir a singela missão de nascer, crescer, trabalhar, reproduzir e morrer. Se nossa experiência terrestre fosse limitada a apenas isso, não precisaríamos de uma posição tão privilegiada na escala evolutiva, bastaria Deus nos criar como amebas e pronto, tudo estaria resolvido de maneira econômica e ecológica.

A transformação da lagarta em borboleta é um fenômeno extraordinário que simboliza a metamorfose. No entanto, a meu ver, a maior transformação na raça humana é a transição de um indivíduo comum para um ser iluminado – uma pessoa expandida, radiante, que leva uma energia de cura e esperança por onde passa, seja com um olhar, um toque ou palavras. Todos nós, seres humanos, temos o potencial para desbloquear esse estado de iluminação. E é por meio da expansão da consciência que começamos essa jornada.

Na linguagem comum, a palavra "consciência" é quase sempre empregada como equivalente da palavra "inteligência" no sentido de atividade intelectual. O filósofo e psicólogo russo P. D. Ouspensky dizia que:[1]

---

[1]   OUSPENKY, P. D. **Psicologia da evolução possível ao homem**: síntese notável, atualíssima, da ciência do desenvolvimento espiritual através da consciência. São Paulo: Pensamento, 1987. p. 12.

> a consciência no homem é uma espécie muito particular de tomada de conhecimento interior independente de sua atividade mental – é, antes de tudo, uma tomada de conhecimento de si mesmo, conhecimento de quem ele é, de onde está e, a seguir, conhecimento do que sabe, do que não sabe, e assim por diante.

Expandir significa ampliar, alongar, dilatar, entre outras coisas. Você expande sua inteligência quando estuda e lê bons livros; sua força e resistência muscular quando faz academia; seu raciocínio quando faz cálculos mentais; sua memória quando usa técnicas de memorização; ou sua concentração quando medita. Expandir a consciência significa amplificar o alcance dos sentidos físicos até eles romperem uma fronteira e alcançarem o invisível. Esse caminho pode levá-lo ao sucesso, à felicidade, ao equilíbrio, ao amor e, acima de tudo, àquilo que todos nós ansiamos profundamente: a paz de espírito.

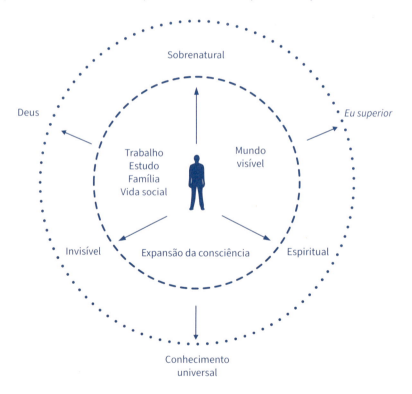

A expansão da consciência funciona como uma chave mágica, desbloqueando as portas que levam ao vasto mundo invisível, sobrenatural e espiritual. Essa jornada nos ensina a canalizar nossa energia e nos ajuda a identificar e superar traumas que podem estar limitando nosso potencial, abrindo caminhos para construirmos a vida que realmente merecemos. Com a expansão da consciência, sentimos o pulsar de nosso campo magnético, tocamos o conhecimento universal e aprendemos a enviar energia positiva a outras pessoas. Essa jornada nos conecta profundamente com nosso *eu superior* e nos permite sentir, de modo palpável, a presença de Deus e de tudo que é divino.

Para embarcar nesse processo de transformação, é necessário apenas um desejo sincero de mudança e o comprometimento em seguir os passos necessários. Cada etapa é um convite da vida à descoberta, ao crescimento interior e à evolução como ser humano. Foi exatamente o que aconteceu comigo e agora está prestes a acontecer com você.

EU ACEITEI O CONVITE. E VOCÊ?

Quando eu tinha 25 anos e passava por dificuldades financeiras, um amigo me convidou para participar de um grupo de estudos sobre parapsicologia. Fiquei instantaneamente encantado pelo tópico, pois até então não tinha ideia dos poderes escondidos na mente humana. Esses estudos me levaram ao fascinante universo do ioga que, por sua vez, me apresentou à meditação. Mergulhei profundamente no entendimento dos processos de projeção da consciência, até finalmente compreender o conceito de expansão da consciência. Paralelamente aos estudos esotéricos, me formei em Ciência da Computação, estudei ciências cognitivas e filosofia da mente, com foco em estudos de memória. Aprimorei minha mente a tal ponto que, em 2006, conquistei o título inédito de melhor memória do Brasil.[2]

Despertar minha consciência foi revolucionário em minha vida. Isso me conectou, ou melhor, me reconectou com meu *eu superior*,

---

2 DICAS de memorização com Renato Alves no Fantástico, 2010. 1 vídeo (4:12 min). Publicado pelo canal Renato Alves Memorização. Disponível em: https://youtu.be/EmijkjWGwmM?si=MpsvOVf7qF4DstFu. Acesso em: 27 fev. 2024.

INTRODUÇÃO **25**

com minha essência, com minha verdade. E, acima de tudo, restaurou meu amor-próprio. Com a expansão, consegui superar desafios, encontrar um propósito autêntico para meu trabalho, me conectar com meu propósito de vida e experimentar um fluxo constante de prosperidade e abundância.

Desde que me tornei um expandido, consegui escrever e publicar onze livros, e vários deles se tornaram best-sellers. Além disso, tive o privilégio de palestrar em centenas de cidades no Brasil e no exterior, e também experimentei a incrível sensação de realização pessoal ao impactar a vida de mais de 3 milhões de pessoas até agora.

Depois que aprendi a buscar sabedoria e inspiração direto da sabedoria universal, posso afirmar, sem exagero, que experimentei um renascimento. Hoje, sou um homem completamente transformado, não apenas física, mas também mental e espiritualmente. Sou um ser que passou por uma morte e um renascimento, emergindo para uma vida incrível, repleta de alegria, prosperidade e abundância, tudo graças à assistência de forças sobrenaturais. Meu casamento se transformou em um oásis de amor, cumplicidade e respeito, e minha energia é inabalável diante dos desafios que surgem. Em minha análise profunda, cheguei à conclusão de que a expansão da consciência é a tecnologia de cura mais poderosa disponível para a humanidade.

Para todos aqueles dispostos a enfrentar os desafios e seguir as instruções deste livro com dedicação, afirmo: assim como a lagarta que se transforma em borboleta, prepare-se para uma metamorfose guiada por uma força mágica. E importante: depois de aplicar em seu dia a dia o conhecimento deste livro, uma nova vida se desdobrará diante de seus olhos como resultado dessa jornada de autodescoberta.

Se hoje estou compartilhando esse conhecimento com você, é porque me sinto inteiramente preparado para tal. É crucial que você saiba que este é o auge de minha jornada até agora e, se este livro está em suas mãos, é indício de que sua consciência também está prestes a despertar.

Expandidos é minha contribuição ao mundo e minha forma de expressar gratidão por todas as lições que aprendi e bênçãos que recebi desde que entrei em contato com a expansão da consciência.

Sinto-me moralmente obrigado a compartilhar tudo o que aprendi com o maior número de pessoas possível e deixar essa herança antes de retornar à minha verdadeira morada. Assim, se este livro chegou em suas mãos, confie nele e acredite: foi providência divina. Veja-o como seu guia pessoal na jornada de expansão da consciência.

Nas páginas a seguir, você se deparará com um conteúdo profundo, mas apresentado de modo absolutamente leve e didático, que o induzirá a reflexões intensas e fornecerá uma variedade de oportunidades de transformação instantânea.

Se você está experimentando dor e sofrimento, escassez e desesperança, frustração, decepção, raiva da vida ou de alguém ou se está desfrutando de bênçãos e conquistas abundantes, mas ainda assim, de vez em quando, considera a possibilidade de ser estrangeiro neste mundo, saiba que existe um novo caminho para explorar, para conectar você a um poderoso farol interno que irradia luz e esperança.

O primeiro passo para essa jornada está em aceitar o convite para se transformar. Vamos juntos?

CAPÍTULO 1

O FAROL DA CONSCIÊNCIA

" Vós sois a luz do mundo."
MATEUS 5:14

IMAGINE UM JOVEM RADIANTE DE VITALIDADE, LIVRE DE VÍCIOS, em seu auge físico e mental, equipado com a energia para enfrentar qualquer obstáculo e com uma mente criativa, transbordando sonhos. Agora, imagine que ele se encontra desempregado, financeiramente dependente de sua família e com medo do futuro. Alguém que passa tardes imerso nos estudos, esboçando ideias em folhas brancas e dedicando horas diante do computador, provocando seu cérebro ao limite na busca de uma resposta inteligente que possa libertá-lo dessa situação.

Um jovem que começou a trabalhar aos 13 anos e que, até aquele momento, nunca sofrera uma demissão, mas que pela primeira vez atravessa um deserto ao confrontar a dura realidade do desemprego, uma condição que simultaneamente nos exclui do mercado de trabalho, nos expulsa da zona de conforto e lança uma sombra sinistra sobre nosso futuro. Essa era minha realidade aos 24 anos.

Perder o emprego, obviamente, não foi a situação mais difícil que enfrentei na vida. Na verdade, já passei por crises bem piores, assim como você deve ter enfrentado várias. A diferença é que aquele revés em particular foi meu ponto de virada. O evento que me chutou para fora do mercado acabou me mostrando o poder que experimentamos quando, ao invés de buscar respostas do lado de fora, voltamos nossa atenção para dentro.

Naquele período, eu ainda estava preso a velhas crenças. A angústia de despertar todos os dias sem ter algo relevante para fazer estava me consumindo. Para piorar, eu não estava enxergando uma lição óbvia: todo sofrimento é pedagógico.

Cada estratégia que eu usava para tentar arrumar um emprego, cada "não" que recebia me fazia voltar e tentar algo melhor. A rotina diária, desde a oração matinal até o esforço de manter apenas os pensamentos positivos, meus estudos, a preparação e a entrega de currículos, era parte de um processo de crescimento. A pressa e a ansiedade, porém, não me deixavam enxergar isso. Cada semana que passava sem nenhuma oportunidade à vista era como ver uma luz se apagando no fim do túnel, intensificando a escuridão em que me encontrava.

Quando enfrentamos momentos difíceis da vida, sentimo-nos como se estivéssemos caminhando na escuridão de um deserto. Mas esses períodos de dificuldade são realmente valiosos, porque mudam e moldam a forma como vemos o mundo. Eles expandem ou diminuem nossa consciência, dependendo da forma que lidamos com eles.

A vida é um palco para imprevistos. Apesar disso, sempre surge no horizonte uma luz de esperança. Ela pode vir na forma de um conselho dado por um amigo, um filme a que assistimos, um estranho que lhe oferece algumas palavras. São as oportunidades em que o universo se manifesta trazendo algo especial para nos ensinar – e cabe a nós estarmos expandidos, esvaziando todo o ruído interno, e nos mantermos em um estado de presença. Mesmo que seja por meros segundos, essa luz que vez ou outra surge fornece a segurança necessária para avançarmos mais alguns passos antes que a escuridão retorne.

Você já deve ter percebido, mas o deserto e a escuridão aos quais me refiro neste texto são metáforas que representam nossos momentos difíceis, uma espécie de cegueira temporária ou estado mental que nos impede de discernir a rota mais apropriada para alcançar nossos objetivos. A luz, que ocasionalmente surge, é a personificação da esperança. Aquele sentimento único que nos inspira a levantar a cabeça, dar o próximo passo e seguir em frente.

Eu não conseguia enxergar quanto eu estava aprendendo pelo simples fato de estar desempregado, talvez hoje você também não enxergue as pequenas lições que acontecem o tempo todo ao seu redor por causa de seu estado de consciência.

E aqui é importante frisar que existe uma diferença entre o consciente e a consciência. O primeiro tem a ver com o momento presente, o segundo com nosso estado de ascensão. O consciente conhece uma realidade limitada por nossos sentidos, ao passo que a consciência estica essa visão e consegue enxergar mais longe. Quando olhamos ao redor, vemos a maioria das pessoas fazendo alguma coisa, parecendo que estão conscientes. O motorista do ônibus, o varredor de rua, a mulher caminhando com as sacolas de compras, os policiais em suas viaturas, talvez eles não estejam conscientes, mas apenas acordados fazendo coisas repetitivas. Esse "modo automático" em que eles se encontram permite perceber apenas uma pequena fração da realidade entre as incontáveis ocorrências que se desenrolam simultaneamente ao nosso redor. Vamos ver um exemplo?

Neste exato momento, você tem um livro em mãos. Isso é indiscutível, certo? Talvez você esteja acomodado em uma cadeira, poltrona, sofá ou em sua cama aconchegante. Seu cérebro, sem dúvida, deve estar em um estado de atividade intensa, processando as ideias deste livro, certo? Agora, permita-me ilustrar algo intrigante: você percebeu a textura do estofado onde está sentado? Sentiu a temperatura do ar que roça delicadamente sua pele? Notou os cheiros presentes no ambiente? Piscou? Prestou atenção na iluminação? Nos sons sutis ao seu redor? Provavelmente, não.

Mas a verdade é que você estava experimentando todas essas coisas que descrevi, mesmo sem a menor consciência delas. Em outras palavras, uma parte de sua experiência estava em completa escuridão e você só se deu conta da riqueza de informações, que ocorrem simultaneamente enquanto você lê, porque eu chamei sua atenção para elas. Ou seja: eu bati à porta, adentrei em sua mente, apontei para esses fenômenos e projetei luz sobre uma parte de sua mente que estava em modo automático.

Quando passamos muito tempo imersos na escuridão de uma situação ruim que a vida nos impõe, começamos a nos habituar a ela e a aceitar que a dor, o nível de sofrimento ou escassez que às vezes enfrentamos faz parte de nosso destino. Achamos que não merecemos ter uma vida digna, confortável, próspera e cercada de pessoas amorosas porque Deus simplesmente se esqueceu de escrever esse capítulo em nosso livro da vida. Eu sinceramente acreditava nisso antes de expandir minha consciência. Hoje, eu dou risada por perceber quantas vezes agimos como crianças, que choram quando são contrariadas.

Desafios existem e sempre vão existir, mas, quando somamos a eles a falta de consciência, não conseguimos enxergar claramente as diversas maneiras de resolver os problemas e nossa vida se torna limitada. E uma vida limitada é, sem dúvida, uma vida de escassez, escolhas equivocadas, erros contínuos e na qual tudo parece mais difícil.

Na situação em que eu estava, desempregado, deprimido e dependente, o que mais fazia era lamentar e pedir ajuda a Deus quando, na verdade, eu deveria mesmo é observar, comparar, aprender, agir e, com isso, evoluir. Isso é ter uma consciência expandida – e é só por meio dela que você pode se tornar um super-humano, um ser capaz de iluminar o próprio caminho, estendendo sua visão por quilômetros à frente.

Expandir a consciência é como despertar de um sono profundo.

Naquela época em que estava no deserto, eu nem sequer imaginava os termos "expansão da consciência", "espiritualidade" ou até mesmo a existência de uma "medicina sagrada". Meu maior desejo era encontrar uma maneira de ganhar dinheiro para pagar meus boletos e realizar meus sonhos. Não importava se eu precisasse trabalhar de manhã, à tarde ou passar noites em claro. Infelizmente eu só enxergava no dinheiro a solução para todas as coisas, e eu estava disposto a enfrentar qualquer desafio para tê-lo, mesmo que isso me custasse sangue, suor e lágrimas.

SUCESSO À BASE DE SANGUE, SUOR E LÁGRIMAS

A cada amanhecer, um novo episódio se inicia na arena da vida. Enquanto metade do planeta mergulha no sono, a outra, iluminada pelos primeiros raios do sol, ergue-se para uma nova batalha. São milhões de homens e mulheres, gladiadores contemporâneos, que se armam com suas estratégias, ajustam suas armaduras e empunham suas espadas de determinação para lutar e conquistar o "pão de cada dia".

Entre idas e vindas, encontros, reuniões, pausas para o café, mensagens, projetos e metas, esses modernos combatentes travam batalhas silenciosas. São palavras trocadas, olhares compartilhados, gestos sutis, apertos de mão e sorrisos treinados que buscam reconhecimento, segurança, afeto e, com uma pitada de sorte, talvez um pouco de sucesso, riqueza e prestígio.

Às vezes, sinto que para obter sucesso na vida é preciso enfrentar uma guerra brutal em um Coliseu contemporâneo, onde a consideração, a ética e o respeito são descartados em prol de obter qualquer vantagem e garantir a sobrevivência. Sendo completamente franco, acho que essa história de termos que "matar um leão por dia", mesmo que você aprecie uma boa competição, é, no fim das contas, exaustiva, desmotivadora e estressante, não valendo nem a dopamina que secretamos.

De acordo com uma pesquisa da Secretaria de Previdência do Ministério da Fazenda, os transtornos mentais, como altos níveis de estresse, foram a terceira principal causa de afastamento dos trabalhadores brasileiros. A Organização Internacional do Trabalho (OIT) também mostrou que o estresse tem levado a alterações agudas e crônicas no comportamento dos trabalhadores,[3] ou seja, nossos valentes

---

3   CHAGAS, P. V. Transtornos mentais são terceira maior causa de afastamento do trabalho. **Agência Brasil**, Brasília, DF, 26 abr. 2017. Disponível em: https://agenciabrasil.ebc.com.br/geral/noticia/2017-04/transtornos-mentais-sao-terceira-maior-causa-de-afastamento-do-trabalho. Acesso em: 20 jan. 2024.

guerreiros estão perdendo a batalha para o desequilíbrio. Esse é o preço que pagamos para tentar vencer em um mundo em que boa parte das ações são cercadas de interesses, mentiras e falsas promessas. O trabalho, que deveria ser uma fonte de aprendizado constante, autoconhecimento e evolução, começa a ter o sabor amargo de sangue, suor e lágrimas.

Talvez você se veja como o gladiador que se prepara para a batalha todas as manhãs, lutando para sustentar a si mesmo, seu cônjuge e filhos em um drama que se desenrola dia após dia. Só Deus sabe o peso da armadura que cada ser humano carrega no esforço para se adequar a um perfil social aceitável.

Mas será que realmente precisamos entrar em tantos embates para alcançar o sucesso na vida?

Por exemplo, a competitividade é frequentemente muito valorizada no ambiente de trabalho – quem nunca escutou frases como: "Fulano é bom porque é competitivo"? No entanto, em meus atendimentos, percebo que muitas pessoas rotuladas como competitivas estão, na realidade, sedentas por algum gesto de aprovação. Será que essa busca por aprovação e reconhecimento não está sabotando sua vida? Será que essa medalha de campeão e uma conta bancária vigorosa que as pessoas tanto perseguem valem mais do que uma vida com equilíbrio, amor e paz de espírito?

Dizem que o campeão é aquele que vive com um alvo nas costas. Infelizmente, isso é uma triste realidade, pois todo vitorioso é um objetivo a ser superado. Ele precisa se esforçar mais que todos diariamente, alcançar grandes alturas, passar noites em claro pensando em novas estratégias para competir e superar a concorrência. Viver dessa forma, sejamos honestos, além de estressante, consome muita energia.

Talvez você pense: *eu levanto cedo e trabalho duro todos os dias, buscando deixar um legado significativo para as futuras gerações.* Eu entendo você perfeitamente, porque quase caí nesse conto também. No entanto, devo lhe informar que, a menos que seu nome esteja gravado nos livros de história de seu país ou do mundo, a maioria dos legados não perdura além de uma geração após sua morte. Se você for muito famoso, é provável que as pessoas se lembrem de você por vinte ou vinte e cinco anos, no máximo, e depois seu nome cairá no porões do esquecimento como aconteceu com grandes nomes da política, dos esportes e do entretenimento.

Não estou dizendo que você não deva buscar aquilo que realmente acredita que merece. O que estou tentando lhe mostrar é que nessa árdua jornada para formar algum legado podemos nos tornar "robotizados", inconscientes, perdendo a capacidade de apreciar as pequenas maravilhas da vida, como a beleza do amanhecer, o perfume da natureza, um abraço carinhoso de alguém que amamos, as palavras de esperança oferecidas por amigos verdadeiros ou o acolhimento que sentimos quando recebemos um sorriso gentil de algum desconhecido. Tudo isso pode passar despercebido em meio a nossas ambições.

Você precisa entender que a vida é um delicado equilíbrio entre o alcance de nossos sonhos, o estado presente de gratidão e a contemplação consciente do que já temos ao nosso redor.

Estudar, conseguir um emprego, trabalhar, ter uma casa, casar-se, criar filhos, aposentar-se, deixar uma herança, cobrir os custos do funeral para, finalmente, morrer em paz. Este era o plano perfeito, de acordo com os padrões sociais que nos foram impostos ao longo de muitas décadas. Contudo, agora percebemos que essa forma de pensar já não faz tanto sentido.

As "fichas" estão caindo à medida que despertamos nossa consciência. Fizemos tudo o que nos ensinaram no passado. Quase esgotamos os recursos do planeta. Doamos nosso sangue, suor e lágrimas em troca de algum dinheiro e agora estamos aqui, com nossos imponentes diplomas, lindas medalhas, roupas e sapatos de grife, equipamentos eletrônicos, bens materiais, fotografias com pessoas importantes, mas completamente vazios de sentido. Contemplando o próprio umbigo enquanto seguimos perdidos em meio à escuridão.

QUANDO SEI O QUE QUERO, NÃO SEI POR ONDE COMEÇAR

Agora, vamos aplicar nossa consciência para entender o intrigante paradoxo entre o querer e o fazer. Por exemplo, peça a alguém para descrever seus sonhos mais audaciosos, e as respostas surgirão na velocidade da luz, pois nossa memória está repleta de referências relacionadas àquilo que desejamos. Você percebe como nossa mente é incrivelmente ágil em apontar nossos sonhos, mas extremamente distraída e sabotadora quando o assunto é realizar?

Agora pense: como esses "objetos de desejo" foram parar dentro de nossa mente? Esse rico acervo mental de coisas legais que gostaríamos de fazer se tivéssemos dinheiro é resultado da constante exposição a uma infinidade de imagens e histórias inspiradoras que nos são apresentadas diariamente pelos meios de comunicação. Uma fonte inesgotável de onde vemos exemplos de vidas perfeitas, que muitos de nós desejaríamos ter.

De acordo com uma pesquisa realizada pelo Sistema Brasileiro de Proteção ao Crédito (SPC), os desejos de consumo mais comuns entre os brasileiros são variados, desde viajar para fora do país, comprar um veículo novo, realizar passeios de fim de semana, até se submeter a cirurgias plásticas. Além desses, surgem outros desejos, como a conquista da casa própria, a aquisição de um novo celular ou a renovação do guarda-roupas.[4] No entanto, aqui reside um problema: da mesma forma que estamos cientes de que as coisas que mais curtimos na internet podem ser exatamente os desejos que mais almejamos, os algoritmos treinados se apressam em inundar nossas telas com mais cenas de uma vida perfeita, alimentando ainda mais nossos desejos e criando uma perigosa armadilha de ansiedade e retroalimentação.

O problema surge quando nos deparamos com o desafio de transformar nossos desejos em realidade, e nosso cérebro parece travar, incapaz de responder à pergunta crucial: "Como você planeja tornar isso realidade?". Compreenda que não nascemos com um manual completo e detalhado em nossa memória que nos oriente passo a passo quanto à manifestação dos sonhos. Por essa razão,

---

4 MARTINS, D. Viajar e comprar carro são principais sonhos de consumo do brasileiro. **Valor Econômico**, São Paulo, 15 jan. 2015. Disponível em: https://valor.globo.com/financas/noticia/2015/01/15/viajar-e-comprar-carro-sao-principais-sonhos-de-consumo-do-brasileiro.ghtml. Acesso em: 20 jan. 2024.

frequentemente nos encontramos em um eterno dilema: sabemos o que queremos, mas não sabemos por onde começar.

Quando falamos em colocar a mão na massa, encontramos diversos tipos de pessoa. Por exemplo, existem cristãos que recorrem ao poder da oração na esperança de que Deus os ouça e realize seus sonhos com um estalar de dedos. Tem os adeptos das ciências ocultas que usam todo tipo de magia e simpatia para atrair o bem desejado. Tem também os fervorosos da lei da atração, cujas bases orientam primeiro a pedir, depois sentir como se fosse possuidor e, por último, agradecer o que já tem, enquanto fazem uma série de exercícios para manter uma vibração alta que os conecte ao bem desejado. E, finalmente, existem aqueles que acreditam que o sucesso vem à base de sangue, suor e lágrimas, como já vimos no começo deste capítulo.

É realmente difícil determinar qual sistema é o melhor ou mais correto, pois cada um deles reflete diferentes crenças, esforços, filosofias e abordagens para alcançar objetivos e realizar desejos. Cada pessoa pode encontrar significado e resultados positivos em sistemas diferentes, dependendo de suas experiências, valores e visão de mundo.

O ponto crucial dessa reflexão é que, independentemente do sistema ou método que escolhemos para buscar nossos desejos, é essencial questionar se o que almejamos fervorosamente é de fato benéfico para nosso desenvolvimento pessoal, ético, moral e espiritual. Em outras palavras, devemos considerar se aquilo que buscamos realmente contribuirá para a expansão de nossa consciência e iluminação ou se nos prenderá em uma prisão mental que inclui mais boletos a pagar, dependência psicológica de reconhecimento ou algum outro tipo de apego material.

É imprescindível compreender que, muitas vezes, nossos desejos podem ser influenciados pelo contexto social, pela cultura de consumo ou por pressões externas, e nem sempre refletem nossa verdadeira essência ou bem-estar. Precisamos parar imediatamente de perseguir as metas dos outros e nos conectar com nossos verdadeiros sonhos. Em outras palavras, estar conscientes para não nos deixarmos levar apenas pelas aparências e supostas expectativas alheias. Precisamos questionar profundamente sobre o que realmente é importante para nós e como isso se alinha com nosso crescimento. A busca por uma vida significativa e autêntica deve transcender o superficial e nos conduzir a uma jornada de autoconhecimento e realização genuína.

É importante que, ao buscar realizar nossos desejos, façamos uma análise profunda e sincera de nossos valores e motivações. Pergunte a si mesmo se o que você busca contribuirá positivamente para sua evolução como ser humano, para o bem-estar dos outros e para o mundo em geral. Ao buscar nossos objetivos com consciência e ética, podemos nos tornar seres humanos melhores e encontrar um verdadeiro sentido e realização em nossas conquistas.

Enquanto estava desempregado e dependia financeiramente de minha família, minha mente estava em efervescência, repleta de energia e sonhos, mas me sentia como um náufrago perdido, sem uma bússola para me guiar. Parecia estar diante de um enorme quebra-cabeça, sem qualquer indicação de como começar a encaixar as peças. Compreendia que precisava me reinventar, buscar conhecimento, traçar um plano e executá-lo, mas me faltava a visão clara de como começar para atingir meus objetivos.

A falta de clareza sobre como realizar meus objetivos me fazia concluir que nada em minha vida parecia dar certo. Desistia assim que consultava minha memória e não encontrava um roteiro detalhado indicando o caminho. O almejado "próximo nível" que tantos mensageiros anunciavam nas mídias se apresentava como uma barreira imensa diante de mim. Esse obstáculo instigava um medo profundo de fracassar, formando frequentemente uma barreira mental que me paralisava.

AS BARREIRAS QUE CRIAMOS EM NOSSAS MENTES

É fascinante observar como, em nossa jornada pessoal, o deserto que atravessamos muitas vezes se assemelha a uma cadeia de montanhas, repleta de altos e baixos. Frequentemente, nos deparamos com barreiras que nos parecem intransponíveis, desafios que testam nossa resiliência e determinação.

Nesses momentos críticos, torna-se essencial refletir sobre o caminho que nossa mente escolhe seguir diante desses obstáculos. Como reagimos mentalmente a essas barreiras revela muito sobre nossa perspectiva de vida e nossa capacidade de superação. O modo como pensamos e as atitudes que adotamos diante desses desafios nos moldam e nos definem. Portanto, é crucial estar atento a nossas reações mentais e emocionais, pois elas são bússolas que nos orientam em meio aos terrenos mais áridos e íngremes de nossa jornada.

Nos momentos em que atravessamos o deserto, é inevitável que em algum momento a mente crie pensamentos negativos, dúvidas e até medos em relação ao que estamos prestes a enfrentar. O medo sempre deve ser encarado como parte do nosso senso de responsabilidade; todavia, em incontáveis ocasiões em que nos vemos nessas situações de desafio, é comum surgir uma voz em nossas mentes dizendo: "Desista! Você não é capaz disso!".

Essa voz desestimulante que ouvimos de vez em quando reflete o que está escrito em nossa memória, sugerindo que, quando não há nada nos registros internos sobre como reagir diante dos problemas, a melhor saída é ceder ou desistir. Para muitas pessoas, bastaria ouvir essa voz interna uma vez para que elas desistissem e retornassem pelo caminho de volta.

Nos momentos de dificuldade, há quem prefira vociferar, chorar e espernear, tal como uma criança que não consegue alcançar o doce desejado. Há também aqueles que preferem direcionar a culpa para outros por não conseguirem seguir em frente. Em ambos os casos, a pessoa está externando, mostrando ao mundo até onde ela consegue chegar naquele momento.

A verdade é que entre o QUERER e o FAZER há uma barreira significativa que precisamos conhecer e transpor. Nesses momentos de dificuldades, a pergunta que devemos fazer à nossa intuição é: "O que tem aqui nessa situação que está me amarrando que eu preciso aprender?".

Observar atentamente os acontecimentos em sua vida – sejam eles positivos, sejam negativos – com a intenção de aprender com eles é uma atitude essencial para quem busca expandir a consciência. Os expandidos são indivíduos dedicados a extrair lições até mesmo dos momentos mais difíceis e compreendem que, muitas vezes, a chave para superar um obstáculo pode ser simples como buscar um pouco mais de estudo, ter a humildade de perguntar reconhecendo sua falta de conhecimento ou ter apenas um pouco mais de persistência.

No entanto, há quem se desanime diante de tarefas aparentemente simples, mas essenciais para o crescimento pessoal. Essas tarefas podem incluir ler um livro para adquirir conhecimento, completar um curso para se qualificar, reduzir o açúcar no café para melhorar o foco e a saúde, escrever um plano de ação, ouvir feedbacks construtivos sem reclamar e, finalmente, arregaçar as mangas para fazer o que precisa ser feito. Essas pequenas ações, embora simples, são passos fundamentais na jornada de evolução.

A resposta para as perguntas "por onde eu começo?" ou "como posso fazer isso?" faz parte da mentalidade dos que buscam expandir a consciência. Só o ato de refletirmos sobre essas questões já nos permite olhar além das barreiras e dos obstáculos. Talvez por trás daquela montanha gigante exista um mundo de possibilidades e inúmeras experiências interessantes. O problema é que quando nosso consciente está no modo automático e nossa consciência é limitada, rapidamente aceitamos a sugestão dos outros ou da memória para desistir. E existe uma boa razão para isso.

SUA MEMÓRIA PODE ENGANAR VOCÊ

A essa altura você já percebeu como sua mente tende a evitar o desconhecido e a se apegar ao conforto do que é familiar. Esse mecanismo é verdadeiramente fascinante: confrontado com algo novo e desafiador, nosso sistema de alerta interno é rapidamente ativado. Nosso instinto inicial é resistir à mudança e buscar refúgio na zona de conforto, muitas vezes antes mesmo de considerarmos as potenciais oportunidades de crescimento que a mudança pode oferecer.

Essa resistência é frequentemente disfarçada pela voz da negatividade, que sussurra em nossos ouvidos que não somos capazes, que o desafio é muito grande ou que não vale a pena o esforço. Esse mecanismo de autodefesa, embora criado para nos proteger, acaba sendo um obstáculo, pois nos impede de arriscar e explorar novas possibilidades, mantendo-nos, assim, em estado de estagnação.

Agora, seja sincero e responda: quando alguém de extrema confiança lhe diz: "Desista! Você não é capaz disso", como você reage? Você questiona essa pessoa e confronta a opinião dela ou imediatamente acata, desistindo e mudando seu caminho?

Se você parar para pensar, pode até fazer mais sentido desistir, afinal, é uma pessoa em quem você confia muito, não é verdade? Mas reflita: quem seria tão cruel ao ponto de sabotar seus sonhos com uma afirmação tão desmotivadora?

Lamento informar, mas essa pessoa em quem você tanto confia é você mesmo. É a voz negativa de sua mente em conluio com sua memória, emitindo opiniões sobre o que você deve ou não fazer.

Talvez você pense: *Impossível! Como eu poderia me sabotar assim?*

Primeiramente, é preciso entender que você é a primeira pessoa a enxergar uma barreira, ou seja, o obstáculo à sua frente. Ninguém chega até você com uma lista de argumentos dizendo que você não conseguirá alcançar seus sonhos. Na realidade, a primeira pessoa a apontar os problemas é você mesmo, ou melhor, sua memória. Vejamos o exemplo a seguir.

Em um belo dia, você se levanta para trabalhar e percebe que está chovendo bastante. Inconformado com a ideia de ter de encarar a chuva, ouve uma voz em sua cabeça sugerindo: "Eu já disse! Você precisa comprar um carro".

Você pondera sobre isso, mas a memória o lembra de sua situação financeira e percebe que um carro representaria uma barreira muito alta, considerando que seu salário é baixo. Imediatamente, a voz de sua mente sentencia: "Desista! Você não pode fazer isso, pois seu salário é baixo; um carro é muito caro; você não tem garagem e ninguém na sua família nem sequer conseguiu comprar uma moto usada, quem dirá um carro novo...".

Viu como o problema surge? Você nem precisou abrir a boca, muito menos precisou dividir com alguém que teve a brilhante ideia de comprar um carro. O sonho do carro nasceu e morreu instantaneamente dentro de sua cabeça, porque sua consciência limitada não conseguiu ver a enorme gama de oportunidades que você poderia criar para realizar esse sonho.

E se sua mente logo que se deparasse com o primeiro obstáculo dissesse: "Analise com calma e seja estratégico. Existem várias formas de resolver isso!". Provavelmente sua postura, respiração, olhar, raciocínio, entusiasmo e energia seriam muito mais elevados, certo? Que tipo de diálogo interno, que argumentos favoráveis surgiriam em sua mente se você soubesse que nada pode dar errado? Com toda certeza, sua mente trabalharia estrategicamente na busca de uma solução viável para tornar o sonho realidade.

Quando enfrentava dificuldades, eu escutava muitas pessoas, seguia alguns conselhos e absorvia inúmeras ideias. Contudo, quando chegava o momento de colocar esses planos em prática, eles desmoronavam ainda dentro da mente porque não havia uma base sólida feita com o cimento do propósito em minha memória. Na batalha entre o querer e o fazer, a dúvida sempre triunfava e me fazia repensar e, com frequência, procrastinar, até finalmente desistir. Era minha mente e minha memória tentando me enganar! Quando sucumbimos a elas, nós nos frustramos e nos tornamos meros colecionadores de boas intenções.

ACUMULADORES DE INTENÇÕES. COLECIONADORES DE PROBLEMAS

Uma das principais razões pelas quais a mente pode sabotar nossos planos é a presença de crenças limitantes. Essas crenças são ideias arraigadas em nossa memória que nos dizem que não somos capazes, que não merecemos o sucesso ou que não devemos sair de nossa zona de conforto. Essas crenças limitantes podem ser formadas ao longo da vida, muitas vezes desde a infância, por meio de experiências traumáticas, críticas negativas ou exemplos de pessoas despreparadas ao nosso redor.

Todo início de jornada carrega consigo uma empolgação inigualável. Seja começando uma nova graduação, um novo emprego, um curso, planejando uma viagem, aderindo a uma dieta ou inscrevendo-se na academia, o começo é sempre marcado por uma energia e disposição vibrantes. Essa euforia é típica do entusiasmo que nasce com cada novo ciclo que iniciamos.

42 EXPANDIDOS

No entanto, raramente somos alertados para um aspecto crucial: qualquer jornada, por mais alegre ou promissora que seja, pode trazer consigo desafios inesperados. É como se um braço mecânico imaginário nos arrancasse de nossa zona de conforto e nos lançasse no meio de um gigantesco deserto. Em outras palavras, muitas vezes enfrentamos empreitadas nas quais precisamos começar do zero, desbravando caminhos desconhecidos e aprendendo a navegar por territórios inexplorados.

Assim, na batalha entre o querer e o fazer, geralmente quem vence é a dúvida, que quando remoída cria um fluxo de pensamentos desconexos que paralisa nosso poder de realização. Quando paralisamos, a ansiedade e o medo assumem o controle das decisões. E qual é a consequência de termos esses sentimentos como piloto e copiloto dentro de nossas cabeças? Nós começamos a procrastinar!

E o que poderia ser pior do que procrastinar uma decisão por não conseguirmos vislumbrar um caminho que nos incentive a seguir em frente? Certamente, seria desistir da missão e colocar essa grande ideia no fundo da gaveta, ou seja, colecionar mais uma boa intenção.

Quem nunca pensou em "afogar as mágoas" na bebida, mergulhar de cabeça no trabalho, comer sorvete até se sentir mal ou passar a noite assistindo a séries e comendo porcarias para "esquecer" uma decisão difícil que precisa tomar?

O fato é que, quando não estamos bem resolvidos em relação ao que realmente queremos ou precisamos fazer, nossas boas intenções são arquivadas nas profundezas da memória. Esse acúmulo compulsório alimenta um monstro chamado frustração, que nos desmotiva e drena nossa energia. Quando isso ocorre, podemos acabar nos enredando na armadilha da comparação.

PRESOS NA ARMADILHA DA COMPARAÇÃO

Um dos maiores desafios que enfrentamos em nossa jornada de expansão da consciência é olharmos para dentro, resistindo, assim, a tentação de olharmos para fora e nos compararmos com o outro quando estamos diante das dificuldades. Desde os primórdios da humanidade, o ser humano tem uma tendência natural de fazer isso, buscando referências externas para guiar suas ações e decisões. Do ponto de vista pedagógico, não há problemas em se comparar, ao contrário, existem lições importantes, principalmente sobre o que não devemos fazer, pois o verdadeiro sábio é aquele que aprende com os erros dos outros. No entanto, ao adotar a comparação como baliza, perdemos completamente nossa própria singularidade.

Somos, cada um de nós, peças únicas em um vasto quebra-cabeça cósmico, dotados de experiências, habilidades e desafios meticulosamente alinhados para nosso crescimento e evolução. Quando nos comparamos com os outros, negligenciamos a singularidade de nossa própria jornada e mergulhamos na comparação. Ao fazer isso, subestimamos o valor das lições que cruzam nosso caminho e, inadvertidamente, começamos a perseguir as metas dos outros, desviando-nos de nossa trajetória de evolução pessoal.

Essa busca incessante para atender aos padrões estabelecidos por outros nos desvia de nosso caminho único, conduzindo-nos por trilhas não destinadas a nós. Nesse processo, acabamos nos envolvendo em problemas alheios, distanciando-nos ainda mais de nosso propósito.

É como se, mais uma vez, aquele braço mecânico imaginário nos arrancasse de nosso trajeto e nos lançasse em um deserto repleto de distrações. Distrações estas que nos fazem perder tempo e energia preciosos, impedindo-nos de focar o que verdadeiramente importa: nossa jornada pessoal de transformação e os aprendizados que ela nos oferece.

Além disso, a comparação constante pode nos levar a uma busca desenfreada por validação e reconhecimento externo em vez de cultivarmos a autoaceitação e a confiança em nossas próprias escolhas. Nossa jornada se torna uma corrida descontrolada para alcançar metas que muitas vezes não estão alinhadas com nossa verdadeira essência, levando-nos a um grande vazio existencial. Vejamos o exemplo a seguir.

Imagine que você segue uma pessoa extremamente fitness nas redes sociais, alguém cuja vida parece girar em torno da construção de um corpo escultural, um abdômen trincado e a pele sempre bronzeada. Essa pessoa exala carisma e influência de tal maneira que você se sente compelido a adotar esse estilo de vida, estabelecendo-o como um objetivo pessoal. Contudo, aqui surge o problema: seu biotipo é diferente, sua alimentação não é igual a dela, a região onde você mora não oferece as mesmas facilidades e, ainda por cima, você não encontra apoio em casa.

O resultado dessa empreitada é, muitas vezes, a perda de tempo, energia e um sentimento crescente de frustração. Enquanto seu ídolo fitness prossegue com treinos e rotinas, você se vê enfrentando a dura realidade de mais uma meta não alcançada, mais um sonho na gaveta, mais uma derrota a ser contabilizada. Esse é o preço de perseguir um ideal que não foi feito para você, que não encaixa em sua realidade.

Não estou dizendo que você não deve buscar inspiração em outras pessoas ou deixar de adotar certos aspectos de um estilo de vida que admira. O que eu gostaria de enfatizar é a importância da reflexão e da busca interna. Pergunte a si mesmo: "Esse comportamento, esse objetivo e essa aspiração realmente fazem parte do meu destino? Estão alinhados com quem eu sou e com o que eu realmente quero para minha vida?".

A ideia aqui não é limitar suas aspirações, mas encorajá-lo a fazer uma análise consciente e genuína. É crucial entender se as metas que você está perseguindo são verdadeiramente suas ou se são influenciadas por fatores externos que talvez não estejam em harmonia com sua essência e trajetória pessoal.

Entende agora a armadilha de ficar se comparando aos outros? Sempre encontramos alguém que parece estar "melhor" ou mais "bem-sucedido" que nós em alguma área da vida e, em uma pessoa de consciência limitada, essa observação quase sempre gera uma pontinha de inveja e descontentamento.

Falar mal ou colocar a culpa de nossas mazelas em outras pessoas ajuda? Com toda certeza não! A maioria das situações difíceis que enfrentamos na vida é resultado de nossas próprias escolhas, reflexo de nossas ações e omissões. Como já foi dito, um ser expandido age como um detetive tentando entender o que tem naquela situação que ele precisa aprender para evoluir.

A comparação, em vez de cultivar parcerias e amizades, pode gerar rivalidades e competição e, eventualmente, inimigos. E a inimizade, como você sabe, tira a paz mental necessária para nossa evolução.

Um expandido é alguém que honra e respeita toda a existência. Esses indivíduos compreendem que tudo que acontece em suas vidas tem um propósito educativo. Eles reconhecem que todas as circunstâncias, mesmo as mais adversas, são perfeitas em sua essência e atuam como degraus para seu aprendizado e crescimento intelectual, ético e moral. Em outras palavras, eles têm plena consciência de que aquilo que não nos destrói efetivamente nos fortalece.

Como vemos, essa rotina de encarar batalhas diárias é exaustiva. A incerteza de quais decisões tomar, o medo de errar e o desespero de cruzar um oceano a nado para morrer na praia são obstáculos que bloqueiam nossos objetivos e nos levam a acreditar que chegamos ao fim da linha. O que deve ser feito, então? São nesses momentos repletos de incerteza que, lamentavelmente, cogitamos a possibilidade de simplesmente largar tudo e desistir.

QUANDO BATE A VONTADE DE DESISTIR

Na ficção – seja no cinema, na literatura ou nas histórias em quadrinhos – somos inspirados por narrativas de superação, de personagens que, motivados por uma necessidade premente, abandonam o conforto do conhecido e se aventuram pelo desconhecido. Esses heróis atravessam desertos, enfrentam seus medos e conquistam o inalcançável, escalando as barreiras que os separam do próximo nível de suas trajetórias. Joseph Campbell, em seu aclamado livro *O herói de mil faces*,[5] descreve esse processo como a **jornada do herói**.

As jornadas do herói podem ser fascinantes quando representadas na ficção, mas, na realidade, os desafios podem despertar sentimentos de ansiedade e medo. Os obstáculos podem ser complexos, como enfrentar uma doença agressiva, estudar para um concurso

---

5   CAMPBELL, J. **O herói de mil faces**. São Paulo: Pensamento-Cultrix, 1989.

difícil ou buscar uma maneira de se sustentar financeiramente, mas também podem ser mais simples, como a vergonha de entrar em uma loja de rua e pedir permissão para usar o banheiro.

A ideia de atravessar um deserto desconhecido, de apostar tudo em uma nova ideia ou projeto ou de se colocar em uma situação potencialmente embaraçosa pode ser muito assustadora para algumas pessoas. Entretanto, os dois maiores problemas que identifico durante meus atendimentos são falta de preparo e falta de paciência.

A palavra "paciência" deriva do latim *patientia*, que significa ter capacidade de aguentar, de não desistir. Percebo, contudo, que as pessoas estão cada vez mais imediatistas. A simples ideia de ter de esperar o tempo que for preciso para realizar um objetivo parece insuportável.

Um ser expandido compreende que sua vinda ao mundo não se destina à conquista, mas ao aprendizado e à experiência. Ele percebe que o verdadeiro segredo da vida se encontra na jornada, e não no destino. Semelhante a um forno que precisa alcançar a temperatura ideal para cozinhar o alimento à perfeição, algumas lições exigem que amadureçamos primeiro para que possamos compreender plenamente os desafios pelos quais passamos. Quando limitados por uma consciência estreita, somos dominados pela ansiedade e pelo imediatismo, perdendo de vista que a verdadeira recompensa – a colheita – reside no futuro, visível apenas pela expansão de nossa percepção.

Trazendo para um contexto prático: como você reage quando as coisas que você mais deseja começam a demorar muito para acontecer? Você reconhece que existe um tempo certo para tudo ou sente aquela vontade de desistir dizendo "se for assim, então eu não quero" e se afasta como uma criança mimada?

No círculo familiar, a falta de paciência prejudica o desenvolvimento de atividades vitais para nosso crescimento pessoal e nossa expansão. Imagine não ter a serenidade necessária para se sentar ao final do dia e se entregar a um bom livro, mergulhando em universos de conhecimento e imaginação, ou não ter a calma necessária para se engajar em diálogos construtivos com seus filhos, oportunidades valiosas para ensinar, aprender e fortalecer laços.

É comum querermos que tudo aconteça aqui e agora, um comportamento que leva à ansiedade corrosiva e faz os clamores internos de urgência surgirem como vozes dominantes em nossas mentes, por exemplo:

- Como posso ganhar mais dinheiro agora?
- Como posso prosperar hoje?
- Como posso alcançar o sucesso imediatamente?

Estamos cercados de pessoas que oferecem promessas de sucesso rápido e fácil, mas será que temos a força, a coragem, a disciplina, a iniciativa e os recursos para seguir esses caminhos? E mais: será que estamos realmente certos de qual é o caminho que devemos seguir?

Aqui é onde distinguimos os heróis fictícios dos heróis da vida real. Muitos anseiam pelo sucesso, mas poucos estão dispostos a fazer com excelência o que precisa ser feito. Com a ausência de clareza, somos facilmente desencorajados e desistimos antes mesmo de tentar vencer o deserto monumental que se ergue diante de nós.

Essa ânsia de alcançar tudo imediatamente nos pressiona a tomar decisões precipitadas com custos potencialmente altos – e isso nos faz desistir de sonhos antes mesmo de experimentar nosso poder de realização. Apressar-se é sabotar o processo natural de nossa jornada de transformação.

Uma das maiores lições que um expandido aprende ao despertar e expandir sua consciência é a importância da paciência em nossas vidas. Paciência, antes de ser algo que se exercita com meditação e outras terapias, é a consciência de que uma semente precisa germinar, nascer, crescer e amadurecer para gerar frutos, e entender que tentar acelerar certas coisas é ir contra a própria lei da natureza. Quando você expande a consciência, descobre que o tempo e a paciência são poderosas ferramentas para aprender, evoluir e superar os obstáculos.

À medida que nossa consciência se expande, nós nos iluminamos, buscamos mais momentos de calma e reflexão que tragam serenidade à mente e restaurem nosso equilíbrio interior. Entretanto, nessa jornada de busca pela paz mental e iluminação, surge um novo desafio: silenciar a mente.

No próximo capítulo, exploraremos a importância de entender esse desafio e como podemos cultivar o silêncio mental para alcançar maior clareza, paz interior e conexão com nossa verdadeira essência, descobrindo, assim, como abrir as portas para uma transformação profunda.

CAPÍTULO 2
O DESAFIO DE SILENCIAR A MENTE

> " Mas tu, quando orares, entra no teu quarto e, fechando a tua porta, ora a teu Pai que está em secreto."
> **MATEUS 6:6**

EU TINHA MEROS 14 ANOS QUANDO, PELA PRIMEIRA VEZ, desejei ocupar o lugar de meu supervisor em uma indústria de laticínios no interior de São Paulo, onde trabalhava como ajudante. Para um jovem aprendiz, alguém recém-admitido no mercado de trabalho, meu superior era o exemplo ideal de um bom profissional. Tratava-se de um japonês extremamente sério, na casa dos 30 e poucos anos, e estava o tempo todo ocupado com alguma tarefa.

Em contraste com minha mesa de trabalho, onde havia apenas um bloco de notas e uma caneta, a mesa de meu chefe era um espetáculo: repleta de tarefas urgentes para serem realizadas.

Ela estava coberta de catálogos contendo centenas de itens que ele precisava adquirir para repor o estoque, talões de pedidos dos clientes para a emissão de notas fiscais, relatórios intermináveis com colunas imensas que ele calculava, recalculava e verificava repetidas vezes em sua calculadora Olivetti. Havia ainda clientes e vendedores no balcão aguardando para falar com ele e, por último, o telefone...

Ah, o glorioso aparelho cor de creme, com fios espiralados grossos e um disco transparente no centro. Era o único objeto em sua mesa que eu tinha permissão para tocar, atendendo e transferindo as ligações para ele, visto que a grande maioria das chamadas era sobre assuntos que ele precisava resolver.

Admito que por muito tempo desejei estar no lugar de Sérgio. Eu cresci em um ambiente que valorizava o profissional sobrecarregado, cheio de compromissos, com agenda lotada e inúmeras tarefas a realizar. Um ambiente onde as pessoas eram bem remuneradas para gerir o excesso, e não a falta de serviço.

Com a rotatividade de funcionários na empresa, em poucos anos cheguei ao desejado posto que Sérgio ocupava. Sentado atrás da mesa dele, pude sentir o peso de tantos compromissos e tarefas urgentes. Entendi o motivo pelo qual ele quase nunca conversava comigo e porque franzia a testa e negava com o dedo quando eu anunciava quem estava do outro lado da linha.

Sérgio era um homem inteligente, habilidoso e com sensibilidade aguçada. Sua consciência era expandida e ele enxergava além. Ele percebia que a falta de comprometimento de alguns colaboradores e a ausência de planejamento da empresa faziam sua carga de trabalho aumentar. Ele estava ciente de que o trabalho que realizava com tanta responsabilidade estava minando sua saúde, seu equilíbrio e sua paz interior.

Aquela experiência aconteceu em meados dos anos 1980, uma época em que a vida ao nosso redor era predominantemente analógica. Naquele tempo, mesmo com uma infinidade de tarefas diárias, o funcionamento do cérebro seguia esse mesmo ritmo – ou seja, nos concentrávamos em uma atividade de cada vez. Hoje, no entanto, vivemos em um contexto drasticamente diferente. O avanço para um mundo digital trouxe consigo desafios únicos e complexos. Somos constantemente inundados por um fluxo incessante de informações e a pressão para estar sempre conectados e on-line pode ser avassaladora.

Essa nova realidade digital tem um impacto profundo em nossa mente, afetando nossa capacidade de manter o foco e a concentração. Nossa memória, uma habilidade outrora fortalecida pelo processamento sequencial e detalhado das informações, agora enfrenta o desafio de se adaptar a um ambiente no qual a multitarefa e a sobrecarga de informações são a norma. É um novo paradigma que exige de nós uma adaptação contínua e a busca por novas formas de manter a saúde mental e cognitiva.

Talvez, neste exato instante, exista uma voz em sua cabeça enumerando incessantemente tudo o que você precisa fazer com urgência em vários setores de sua vida, como trabalho, estudos, família, relacionamentos, qual será a próxima refeição, entre inúmeras outras tarefas.

Infelizmente, essa mesma voz, que de repente interrompe sua leitura com lembretes dispensáveis, é aquela que tende a silenciar quando você precisa, de fato, recordar ou pensar em algo importante.

E pouco adianta pegar papel e caneta, traçar um esquema de urgente *versus* importante, porque, se pensar bem, vai notar que o primeiro já devorou o segundo há algum tempo. Tudo ao nosso redor parece ter ganhado o status de urgente e isso tem nos tornado cada vez mais ansiosos. E não é só isso!

Compromissos atrás de compromissos podem desviar nosso foco de questões existenciais mais profundas, que poderiam auxiliar a nos reconectarmos com nosso propósito de vida. A consciência limitada, com sua atenção voltada quase exclusivamente para as demandas imediatas do mundo externo, pode fazer com que negligenciemos nosso mundo interior e os processos introspectivos necessários para nosso crescimento e evolução.

Esse constante estado de alerta pode dar a ilusão de responsabilidade ao martelar nossa mente com afazeres, mas sabemos que, na realidade, a incessante preocupação com urgências ativa no corpo o cortisol, famoso hormônio do estresse que alimenta uma enxurrada de sentimentos negativos como ansiedade, medo, frustração, raiva e paralisia, aprisionando-nos em uma armadilha que impede a expansão de nossa consciência.

Agora, pare um momento, respire, reflita e responda sinceramente: Que paraíso é esse que, supostamente, nos aguarda ao final de listas intermináveis de tarefas urgentes? Quando foi que nos ensinaram que produtividade equivale a uma agenda repleta de compromissos? Qual foi a última vez que você permitiu que sua consciência se expandisse para visualizar o maravilhoso universo que existe além da montanha de tarefas?

Uma consciência expandida é marcada por uma receptividade para novas ideias, perspectivas e possibilidades. Contudo, para atingir esse estado de expansão, é crucial superar o intenso ruído interno gerado por uma mente sobrecarregada de pensamentos e tarefas urgentes. E para que isso ocorra, é preciso entender o impacto negativo de uma mente perdida em pensamentos.

UMA MENTE PERDIDA EM PENSAMENTOS

Na era da sobrecarga de informações em que vivemos, muitos se encontram correndo em uma maratona interminável. De uma só vez, enfrentamos compromissos diários, prazos de trabalho, responsabilidades familiares e desejos pessoais. Além disso, enfrentamos todos os dias uma avalanche de informações que bombardeia nossos sentidos. É como se estivéssemos em um campo de batalha, em uma luta constante contra o tempo. O problema é que o verdadeiro tesouro do ser humano se encontra no reino interno. Jesus disse: "Mas tu, quando orares, entra no teu quarto e, fechando a tua porta, ora a teu Pai que está em secreto [...]" (Mateus 6:6). Essa passagem pode ser vista como um incentivo à introspecção e à quietude na prática da oração. Mas como fazer uma simples oração quando temos uma mente repleta de ruídos?

O preço da hiperatividade mental é alto e seus efeitos são sentidos em todos os aspectos da vida. Imagine você sentado diante do computador, lutando contra o tempo para terminar um relatório crítico. A caixa de entrada está cheia, o celular não para de vibrar e os pensamentos sobre tarefas domésticas pendentes começam a se infiltrar em sua consciência. Esse modo constante de hiperalerta aumenta seus níveis de cortisol, levando a um estado de ansiedade crônica, dores de cabeça, tensão muscular e problemas digestivos. É seu organismo lutando contra ameaças provocadas por um estilo de vida totalmente voltado para o mundo exterior.

Então vem a noite, você espera que com a cabeça no travesseiro tenha um minuto de paz, mas a "insônia da lista de tarefas" mais uma vez invade seus pensamentos. Sua mente insiste em revisitar as tarefas do dia e antecipar as do próximo, roubando o sono reparador de que você tanto precisa. Com o passar do tempo, você descobre que a falta de sono de qualidade culmina em problemas de concentração e memória, prejudicando sua capacidade de funcionar e produzir eficientemente.

Cada dia que passa nesse fluxo incessante de pensamentos, você se sente como um alpinista carregando uma mochila cada vez mais pesada. Cada preocupação adicional age como uma pedra extra, aumentando a carga, levando você a um estado de exaustão. Você se sente drenado, desmotivado, incapaz de enfrentar desafios.

Para algumas pessoas, a sobrecarga mental pode ser ainda mais prejudicial, levando a estados depressivos. Quando a depressão se instala, as coisas de que você costumava gostar começam a perder a cor, seus olhos veem o mundo através de um véu cinza e até mesmo tarefas simples podem parecer noites escuras em que você não consegue dar um passo adiante.

No final das contas, você percebe que essa enxurrada de pensamentos desconexos o leva a um labirinto interminável. A autocrítica e a baixa autoestima surgem, fazendo com que você se sinta inadequado e repleto de incertezas.

Infelizmente, a verdadeira tragédia é reconhecer que essa hiperatividade mental que ofusca sua clareza, dificulta a realização de suas tarefas e confunde suas decisões acaba afastando você dos dois bens mais valorizados pelos expandidos – o tempo e a liberdade.

Dispor de tempo extra para fazer o que se deseja, juntamente com a liberdade para usar esse tempo com sabedoria, são fatores cruciais na expansão da consciência. Eles nos proporcionam a oportunidade de interagir com o mundo ao nosso redor, de experimentar uma variedade de situações, aprender com cada uma delas o que é necessário para nosso desenvolvimento e, consequentemente, evoluir. No entanto, o tempo é um recurso precioso e fugaz, semelhante à água de um rio que flui constantemente. Se não tivermos clareza e inteligência para gerenciá-lo adequadamente, ele pode escorrer por entre nossos dedos, irrecuperável como as águas que nunca retornam ao mesmo ponto.

SEXTOU... E EU AINDA NÃO ACABEI

"Sextou", a palavra de ordem para o final de semana que se aproxima. O escritório está em um estado de excitação contida. As vozes diminuem, os rostos relaxam, as expressões duras de concentração começam a suavizar. Há um zumbido no ar, uma antecipação palpável para os próximos dias livres, sem relatórios a serem entregues, sem metas ou prazos a serem cumpridos. Para você, entretanto, esse sentimento de alívio parece estar a anos luz de distância.

Enquanto seus colegas de trabalho estão comemorando as pequenas vitórias da semana, você está sentado à mesa, olhando fixamente para a tela do computador. As palavras, os números, os gráficos... tudo parece um borrão. Você pode sentir seu coração batendo mais rápido, a respiração se tornando mais rasa. Há uma lista de tarefas que ainda não foram cumpridas, metas que ainda não foram atingidas. O tempo parece estar correndo, mas você está parado, congelado, perdido em um emaranhado de pensamentos.

Cada risada que você ouve ao redor ou cada colega que desliga o computador e se levanta para ir embora parece um lembrete cruel da própria ineficiência. A culpa, o medo e a ansiedade se intensificam, formando uma nuvem escura de emoções ao seu redor.

Pode parecer que você está sozinho, lutando contra um mar de pensamentos desorganizados. Mas a verdade é que muitas pessoas, em algum momento, já estiveram onde você está agora. Todos nós já nos sentimos sobrecarregados, presos, incapazes de acompanhar o ritmo frenético do mundo.

A organização dos pensamentos deveria ser uma função primária de nossa mente consciente. O desafio surge, mas não temos consciência ativa suficiente para perceber que nossa mente está emaranhada nas próprias criações e divagações. Em consequência, muitas vezes nos encontramos em um estado de desconexão, como se estivéssemos "no mundo da lua". É durante esses momentos de "apagão" mental que as distrações e os erros tendem a ocorrer, às vezes comprometendo até mesmo os progressos que já conseguimos realizar.

Essa sensação de deslocamento – de ser o único que não conseguiu cumprir com as responsabilidades – é uma experiência profundamente desconfortável. Ela nos faz questionar nossas habilidades, nossas competências, nosso valor. Claro que o questionamento é um processo fundamental para o autoconhecimento e a expansão, mas desde que a resposta seja uma autocrítica construtiva.

E se houvesse uma maneira de transformar essa cacofonia de pensamentos que atrasam nossos deveres em uma sinfonia harmoniosa? E se houvesse uma maneira de reorientar essa energia mental dispersa em um foco afiado e direcionado? É possível aprender a navegar por esse mar turbulento de pensamentos, mas antes precisamos entender para onde estamos indo e se o caminho que estamos seguindo é aquele em que precisamos estar para nossa evolução.

ESTÁ ACONTECENDO UMA FESTA. TODOS FORAM, MENOS EU

Imagine uma grande festa acontecendo, a cidade inteira parece estar lá. Você pode quase ouvir a música alegre ao longe, as risadas contagiantes, o tilintar de copos em um brinde coletivo. As luzes coloridas do evento pintam o céu noturno, e você... bem, você está sentado em casa, olhando pela janela, sentindo como se tivesse perdido um convite para a celebração da vida.

Cada foto postada nas redes sociais, cada mensagem de texto animada de amigos que estão lá, cada rosto sorridente que você vê nos *stories* do Instagram parece uma adaga no coração. É como se um abismo tivesse se aberto entre você e o resto do mundo e, de repente, você se encontra do lado errado, olhando para a comemoração de longe, uma testemunha silenciosa da alegria que não consegue alcançar.

Essa sensação de isolamento, de estar à margem enquanto a vida acontece em outro lugar, é mais que apenas solidão física. É um tipo de solidão emocional que chega ao âmago de seu ser, uma sensação de não pertencer que pode ser incrivelmente dolorosa.

Ela representa uma perda metafórica – de conexão, de alegria, de se sentir parte de algo maior que você mesmo. É um sentimento que surge quando nosso consciente permite que nossos pensamentos se tornem um redemoinho caótico e não conseguimos mais nos sintonizar com o presente e realmente estar conscientes onde estamos.

Em uma escala maior, pode parecer que você está perdendo sua vida enquanto está preso nesse fluxo constante de crenças limitantes, músicas repetitivas que tocam em sua cabeça e pensamentos inúteis. Cada dia parece o mesmo, cada experiência é tingida com a mesma cor cinza, cada momento é perdido na névoa de preocupações e ansiedades.

Aqui reside um ponto crucial: a sensação de perda que às vezes sentimos é, na verdade, um sinal de que estamos olhando na direção errada. Um ser expandido, aquele que verdadeiramente entende a si mesmo, começa sua jornada olhando para dentro com humildade, buscando primeiro a conexão com o divino, a sabedoria, a força e a orientação. Só após essa introspecção é que ele se volta para o mundo exterior, pronto para explorá-lo. É essencial lembrarmos que o verdadeiro reino, o núcleo de nossa existência, encontra-se dentro de nós mesmos.

A chave para desvendar esse mundo interior e embarcar na jornada do autoconhecimento é a expansão da consciência. Quando reconhecemos e confrontamos essa sensação de perda e dor interna que muitas vezes nos corrói, damos o primeiro passo em direção à cura existencial, ao encontro com nosso *eu superior* e à recuperação do tempo que parecia perdido. Afinal, se há uma festa da vida acontecendo, sempre há tempo para se juntar à celebração e dançar ao ritmo de sua verdadeira essência.

CAPÍTULO 3

OS OBSTÁCULOS PARA A EXPANSÃO DA CONSCIÊNCIA

> " […] um tempo para rasgar, e um tempo para costurar; um tempo para manter silêncio, e um tempo para falar."
> **ECLESIASTES 3:7**

VOCÊ PROVAVELMENTE JÁ SE DEPAROU COM O CONCEITO DE crenças em algum momento. No contexto da Programação Neurolinguística (PNL), crenças são as afirmações que fazemos, refletindo aquilo que consideramos verdadeiro ou correto. Aqui, não me refiro à fé religiosa, mas sim ao conjunto de memórias acumuladas ao longo da vida, que moldam nosso comportamento, influenciam nossos julgamentos e guiam nossas decisões.

Ao compreender o mecanismo das crenças, abrimos o caminho para a expansão da consciência. Por outro lado, não entender esse mecanismo pode tornar essa expansão praticamente impossível. É essencial reconhecer o papel que as crenças desempenham em nossa maneira de pensar. Para nos conectarmos com uma inteligência universal por meio da expansão da consciência, precisamos ter clareza de que no universo não prevalece o "eu acho". No universo, tudo é perfeito e não há espaço para dúvidas – existe apenas a verdade. Essa é uma compreensão semelhante àquela expressa por Jesus quando dizia: "na verdade eu vos digo..." (João 5:24).

Quando estiver em uma conversa e ouvir alguém pronunciar a frase "eu acho...", aproveite esse momento para uma reflexão consciente e observe as palavras que se seguem. Essa expressão geralmente é um indicador das crenças embutidas na memória de quem fala. Frases como "eu acho que mamão faz mal", "eu acho que esse filme não é bom", "eu acho que ela não gosta dele", "eu acho que ETs não existem" são reflexos dessas crenças pessoais.

Por outro lado, um verdadeiro expandido não se baseia em suposições. Ele observa, experimenta e aprende, buscando assimilar a verdade. Por exemplo, em vez de dizer "eu acho que...", ele afirma: "Eu sei que ela não gosta dele, pois ela mesma me disse durante uma conversa". Tudo que está além dessa certeza, ou seja, tudo que for baseado em suposições ou especulações, serve apenas para julgar, gerar dúvidas e provocar discórdia. O expandido busca ir além dos "achismos", visando compreender e assimilar a verdade com base em experiências concretas e conhecimento factual.

O problema é que a trajetória humana é abundante em crenças transmitidas de geração em geração, quase como tesouros preciosos armazenados nos baús da memória, sendo algumas delas tão antigas que chegam a ser lendas urbanas. Por exemplo, antigamente havia quem sustentasse a ideia de que o consumo conjunto de manga e leite poderia resultar em um veneno letal. Essa crença remonta aos tempos das senzalas, quando os senhores criavam tais histórias com o objetivo de impedir que os escravizados se alimentassem desses produtos.

Algumas crenças atuam como algemas invisíveis, mantendo-nos presos ao passado ou a padrões de comportamento que limitam nosso potencial, impedindo-nos de alcançar a essência do ser humano: a verdade. Para abraçar o invisível e transcender essas limitações, é necessário libertar a mente dos julgamentos e se entregar à fé com total convicção. Como Jesus afirma em Mateus 17:20, "pois na verdade eu vos digo que, se vós tiverdes fé como um grão de semente da mostarda, direis a esta montanha: Remova daqui para aquele lugar, e será removida; e nada será impossível para vós". Aqui, Jesus destaca o poder extraordinário da fé – mesmo que ela seja pequena. Em Hebreus 11:1, encontramos uma reflexão semelhante: "a fé é a substância das coisas pelas quais esperamos, a evidência das coisas não vistas". Para um expandido, o que importa não é o que os outros pensam ou creem, mas sim a busca pela verdade.

Um exemplo pessoal ilustra essa ideia. Minha esposa, Ariane, me contou que, aos 6 anos, acordou uma noite gritando, alegando ter visto seu tio parado em frente à sua cama. Parecia apenas um sonho infantil, mas, em menos de quinze minutos, um telefonema confirmou o inesperado: o tio havia falecido naquele momento. Há inúmeros relatos semelhantes, mas também existem os céticos, que, embora não creiam, não se mantêm silenciosos em suas dúvidas, espalhando constantemente sementes de ceticismo.

Duvidar da comunicação com espíritos, da existência de vida em outros planetas ou até mesmo da existência de Deus não simplifica nossa existência. Pelo contrário, somos testemunhas vivas do milagre da criação. A geração de uma nova vida por meio da união de um homem e uma mulher é, por si só, uma demonstração impressionante da existência de um grande arquiteto do universo. Qual seria uma evidência mais palpável e maravilhosa do que essa?

Um dos maiores benefícios da expansão da consciência é justamente a habilidade de acessar um mundo invisível, onde fenômenos sobrenaturais ocorrem de maneira constante. No entanto, se alguém se recusa a acreditar na existência desses fenômenos, é como se essa pessoa estivesse diante de um portão fechado, incapaz de atravessá-lo para explorar e compreender as maravilhas que se encontram além. A crença ou até mesmo a neutralidade, nessa perspectiva, é a chave que abre o portão para um universo de possibilidades e descobertas sobrenaturais.

Frases como "meu pai contava que meu avô dizia que o pai dele era assim" servem como um exemplo clássico da origem de uma crença limitadora. Frequentemente, as maneiras restritivas com as quais pensamos hoje são heranças de padrões de pensamento e comportamento passados ao longo das gerações, muitas vezes sem questionamentos sobre sua relevância atual. Essa transmissão inquestionável é semelhante à história de um lenhador que utiliza um tipo específico de machado, o mesmo que seu pai, avô e bisavô usaram. Ninguém na família jamais considerou substituí-lo por uma ferramenta mais moderna e eficiente, presos à crença de que cortar lenha com aquele machado específico é o correto, simplesmente porque "sempre foi feito assim".

Essas crenças limitantes, arraigadas com profundidade em nossa memória, erguem muros invisíveis, simplesmente nos fazendo acreditar que não somos merecedores de uma vida melhor. É uma triste constatação, pois tais convicções nos mantêm presos em labirintos de pensamentos obsoletos que encobrem nossa capacidade de expandir e enxergar novos horizontes. O mais surpreendente é que tais crenças limitantes podem estar impressas em nosso DNA.

Investigações acerca da ancestralidade humana mostram quanto podemos estar limitados por traços característicos de antepassados que nem sequer conhecemos. Hoje, a ciência consegue, como um detetive habilidoso, seguir a trilha do DNA até suas origens geográficas, bem como calcular a idade de determinados alelos (variantes de genes) ou haplótipos (conjuntos de alelos que tendem a ser herdados de maneira conjunta).

Por meio desses estudos, também chamados de mapa genético, podemos entender melhor de onde emergimos, nossas predisposições codificadas em nosso DNA e como nossos antepassados podem ter esculpido, sem que percebêssemos, nossa maneira de pensar e agir. É incrível saber que atrás de você tem uma fila enorme de antepassados determinando seu comportamento atual.

Um expandido, no entanto, reconhece, considera e busca aprender com esse ciclo secular. Ele desafia as crenças e as práticas tradicionais, buscando alternativas e abordagens que possam ser mais eficazes, eficientes ou verdadeiras. Esse entendimento não significa uma rejeição do passado, mas um movimento em direção a uma compreensão mais profunda e atualizada do mundo e de si mesmo, considerando as inovações e os conhecimentos que surgiram ao longo do tempo.

O que aconteceria se você pudesse retirar esse filtro mental e encarar a vida em sua versão original? Como seriam seus relacionamentos se você não precisasse mais julgar as pessoas, validando ou condenando seus comportamentos? Como seriam seus dias se você pudesse viver totalmente no presente, sem remoer o passado e ignorar a ansiedade do futuro? Independentemente de suas respostas, você, com certeza, removeria um grande obstáculo à expansão da consciência.

O primeiro passo na ultrapassagem das crenças limitantes é treinar seu estado de presença e seu consciente para reconhecer quando elas estão sendo ativadas no dia a dia. A partir daí, torna-se possível contestar sua autenticidade, sondar novas visões e, no fim das contas, substituí-las por convicções verdadeiras que nos impulsionem em nosso caminho de expansão.

QUANDO VOCÊ TEM DUAS OPÇÕES, VOCÊ TEM UM PROBLEMA

Um desafio significativo no caminho para expandir a consciência é o excesso de escolhas que enfrentamos diariamente, possibilidades estas que podem ser esmagadoras e roubar nossa paz mental. Vivemos em uma era de abundância sem precedentes, onde o mundo moderno nos oferece um leque quase infinito de opções em praticamente todos os aspectos da vida – desde o tipo de café que tomamos pela manhã, a cor das roupas que escolhemos vestir, o perfume, o local onde vamos almoçar até a carreira profissional que desejamos seguir.

Esse oceano de alternativas, que à primeira vista pode parecer sinais de prosperidade, muitas vezes se transforma em uma fonte constante de desgaste mental, estresse e ansiedade. Cada escolha que você precisa fazer, mesmo de coisas simples, como o perfume que vai passar, demanda tempo e energia mental consideráveis para avaliar suas possíveis consequências e tomar uma decisão que julgamos ser "a correta" ou que nos alinha aos padrões sociais. Parece ridículo pensar assim, mas o resultado dessas microdecisões é uma sobrecarga mental que pode atrapalhar nossa busca por clareza, tranquilidade e, consequentemente, a expansão de nossa consciência.

Considere, por um momento, a simples tarefa de escolher creme dental em um supermercado. O que deveria ser uma decisão rápida e direta se transforma em uma experiência quase esmagadora diante da vasta gama de opções disponíveis. São tantas embalagens atraentes, cada uma prometendo benefícios incríveis, que a escolha se torna desnecessariamente complexa.

Essa situação exemplifica um desafio cotidiano da vida moderna: até a escolha mais básica pode se tornar um processo carregado de indecisão e dúvida. Depois de finalmente decidir, muitas vezes nos questionamos se fizemos a escolha certa, o que pode gerar sentimentos de incerteza ou até de arrependimento. Esse constante estado de dúvida, mesmo em pequenas decisões, reflete o peso da abundância de opções que nos cerca diariamente e como isso pode impactar nossa paz mental e clareza de pensamento.

É o famoso paradoxo da escolha, explicado por Barry Schwartz,[6] em que a infinidade de opções pode levar a uma paralisia decisória – ou seja, criar um estado de indecisão crônica no qual você se vê confuso ou incapaz de fazer uma escolha inteligente.

Por mais estranho que pareça, em certas situações, não escolher nada pode ser a decisão mais inteligente, pois significa encontrar paz nessa decisão.

Considere uma pessoa que possui quatro carros na garagem, quando, na verdade, apenas um seria suficiente. Agora, imagine todas as dores de cabeça e problemas com os quais ela precisa se preocupar, como espaço, manutenções, impostos e seguros. Não estou defendendo aqui que devamos aderir ao voto de pobreza, de maneira alguma. O que estou tentando ilustrar é que a felicidade não reside no TER, mas em entender que a posse excessiva de bens

---

6   SCWARTZ, B. O paradoxo da escolha. **TED**, jul. 2005. Disponível em: https://www.ted.com/talks/barry_schwartz_the_paradox_of_choice?language=pt. Acesso em: 21 jan. 2024.

materiais traz consigo uma série de preocupações e problemas que ocupam a mente e afastam você do despertar da consciência.

Existe, de fato, um paradoxo nessa ideia de que a vida daqueles com mais dinheiro é mais simples. Não se deixe enganar pelas aparências. Eu, que navego por diferentes esferas sociais, posso afirmar com toda a certeza que tanto a escassez quanto a abundância podem conduzir ao estresse da tomada de decisão.

Quanto mais permitimos que nossa mente seja ocupada por distrações externas, mais nos distanciamos do vasto universo que reside dentro de nós. Memorize bem esta frase: *É na simplicidade que se revela a porta da sabedoria*. A concentração é a chave para acessar o reino interno e é por meio da intuição que descobrimos as mensagens da inteligência universal destinadas a nós. Portanto, a verdadeira habilidade a ser desenvolvida é a arte de se concentrar.

Ao treinarmos nossa capacidade de concentração, abrimos caminho para uma compreensão mais profunda de nós mesmos e do mundo ao nosso redor. Essa prática de focalizar a mente não apenas simplifica nossa interação com o mundo externo, mas também nos conduz a insights mais profundos e conexões mais significativas com nossa essência e com o universo em geral.

Em cada fase de nossa jornada, o universo nos oferece exatamente o que precisamos para nossa evolução. Se um expandido se encontra diante da escassez, ele se concentra e expande sua consciência para entender o que essa escassez está tentando lhe ensinar. Se ele possui mais do que o necessário para viver, ele medita e escuta a voz de sua consciência: "Como sua prosperidade pode deixar o mundo melhor?".

Frequentemente, ao nos depararmos com múltiplas escolhas, enfrentamos dilemas e desafios. Em um dia comum, em que tomamos inúmeras microdecisões, é fácil perceber quão distantes podemos estar de nossa verdadeira essência. Agora, imagine se não tivéssemos opções ou se fôssemos capazes de fazer nossas escolhas com sabedoria e equilíbrio, sem nos deixar levar pelas pressões externas.

A ausência de opções pode nos levar a buscar novas perspectivas e soluções criativas. A falta de escolha pode se tornar uma oportunidade para explorar caminhos inexplorados e encontrar novas formas de crescimento pessoal. Além disso, quando conseguimos viver com equilíbrio e paz mental, nos tornamos mais receptivos às oportunidades e às experiências que o universo nos oferece, sem ficarmos presos às expectativas ou pressões externas.

Nesse jogo de opostos, é crucial reconhecer que nem a abundância nem a escassez são garantias de felicidade ou realização plena. Ambas trazem desafios e aprendizados únicos. A busca incessante por mais dinheiro e bens materiais, por exemplo, pode nos desviar do que é verdadeiramente valioso: a conexão com nossa essência e o propósito que guia nossas ações e escolhas na vida. Mais uma vez: não estou dizendo que um sujeito milionário deve renunciar a seu patrimônio, mas sim meditar e descobrir se aquele estilo de vida está abrindo as portas para o encontro com o *eu superior*.

Quando nos encontramos em estado de completa gratidão por estarmos saudáveis, rodeados de pessoas que nos amam, ao lado de alguém que preenche nossos momentos de solidão, geralmente descobrimos ali os instantes mais plenos de felicidade.

Assim, é crucial avaliar com cautela o mar de opções que nos circunda para atenuar o estresse e a ansiedade vinculados à constante tomada de decisões. Libertar nossa mente para focar pensamentos mais profundos, significativos e alinhados com nosso verdadeiro propósito de vida pavimenta o caminho para a expansão da consciência.

No entanto, para isso, é necessário compreender algo de suma importância: será que seu cérebro está equipado para lidar com tantas transformações?

O MUNDO MUDOU, MAS NOSSA MENTE PERMANECE A MESMA

Não é necessário cursar Antropologia para perceber a diferença na complexidade da vida humana nos primeiros séculos da civilização em comparação com os tempos atuais. Nossos ancestrais dos períodos mais remotos tinham um conjunto mais limitado de atribuições diárias, como coletar alimentos, garantir a segurança e a continuidade de seu grupo. Para eles, essas tarefas podem ter representado desafios significativos, dadas limitações cognitivas, as circunstâncias e os recursos disponíveis na época.

No entanto, é importante reconhecer que, embora a vida fosse mais simples em termos de tarefas diárias, as condições de vida deles também eram mais precárias. Eles enfrentavam constantes ameaças naturais, escassez de recursos, doenças e outras dificuldades para sobreviver.

Em contrapartida, hoje em dia vivemos em uma sociedade tecnologicamente desenvolvida, com acesso a uma quantidade infinita de informações e recursos que tornam a vida mais fácil, conveniente e confortável em muitos aspectos. No entanto, como já expliquei anteriormente, essa abundância de informações e o ritmo acelerado da vida moderna também podem criar uma sensação de sobrecarga em nosso cérebro.

Por exemplo: enquanto você tem uma gaveta cheia de talheres, cada um destinado a um tipo específico de refeição, antigamente os indígenas da tribos da Amazônia precisavam apenas de uma folha de bananeira para usar como prato e comiam com as mãos, descartando as folhas na natureza como adubo sem se preocupar em lavar louças.

É inegável que a vida moderna nos trouxe conforto e comodidade que nossos antepassados não conheciam. No entanto, é importante reconhecer que o estilo de vida mais simples de antes oferecia mais espaço para a conexão espiritual. Naquela época, as pessoas integravam o pensamento no divino e na espiritualidade em todos os aspectos de suas vidas: no amanhecer, nas atividades diárias, na caça, nas refeições, no trabalho, nas orações, nas reuniões comunitárias, nos rituais, nas relações sexuais e até mesmo ao se deitar para dormir. Havia uma conexão constante e direta com o divino e com a natureza, uma integração profunda que permeava cada momento da vida.

Em contraste, reflita: quantas vezes você pensou em Deus hoje? Quantas vezes você sentiu a presença dEle nas atividades que realiza? Talvez esteja pensado nEle agora, porque minhas palavras fizeram você retornar um estado de consciência que deveria ser o estado natural. Todavia, hoje as pessoas não têm tempo para pensar em Deus por conta de toda a sobrecarga mental explicada até aqui. Um grande amigo e mestre em ayurveda, Erick Leite, costuma enfatizar em suas palestras uma profunda reflexão: "em uma alma cheia de si mesma, não sobra espaço para Deus".

Você já deve ter ouvido que nosso mundo moderno e superestimulante promove o desenvolvimento do cérebro. No entanto, na prática vemos uma humanidade com smartphones poderosos nas mãos, mas completamente perdida, rolando telas como zumbis e buscando um sentido mais profundo para a vida. É um vazio existencial tão grande que nem uma gaveta cheia de talheres de ouro consegue preencher.

Com o passar dos séculos, o mundo sofreu uma série de mudanças radicais que transformaram completamente nosso estilo de vida. No entanto, nosso cérebro, apesar da incrível capacidade adaptativa, tem encontrado dificuldades para acompanhar o ritmo acelerado dessas transformações.

O fato é que estamos imersos em uma era de mudanças ininterruptas e aceleradas, caracterizada por avanços tecnológicos vertiginosos, economias globalizadas e um fluxo de informações sem precedentes. A humanidade tem alcançado marcos notáveis em campos como a saúde, a educação, a infraestrutura e a produção de alimentos e hoje estamos até mesmo contemplando a ideia de enviar seres humanos a Marte! No entanto, cabe a pergunta: será que não estamos indo longe demais?

Será que essa corrida constante rumo ao "novo" e ao "melhor" é o que nos traz verdadeira satisfação e plenitude? Para que aspirar colonizar Marte quando, com algumas práticas meditativas e conscientes, podemos nos conectar com o universo inteiro que já existe dentro de nós?

A tensão gerada pelo ritmo acelerado do mundo moderno muitas vezes nos conduz à busca desenfreada por soluções tecnológicas, como chips e implantes de eletrodos, na tentativa de acelerar "artificialmente" as capacidades do cérebro. No entanto, essa busca por aceleração desconsidera a evolução natural e o ritmo intrínseco de nosso cérebro. Para verdadeiramente expandir a consciência e descobrir o tesouro que reside dentro de nós, o caminho não passa necessariamente por essas tecnologias avançadas. Em vez disso, devemos nos concentrar em utilizar de modo mais eficaz o "computador natural" que já possuímos.

OS OBSTÁCULOS PARA A EXPANSÃO DA CONSCIÊNCIA **67**

Isso significa nutrir um cérebro saudável na medida do possível e cultivar uma mente tranquila e concentrada. Ao fazer isso, não apenas respeitamos o ritmo natural de nossa evolução cognitiva, mas também abrimos caminho para uma expansão da consciência mais profunda, alinhada com nossa essência e capacidades inatas.

Essa é uma tarefa que apenas você pode realizar, pois até mesmo os mentores que tanto admiramos têm se mostrado incapazes de responder às perguntas existenciais mais simples. Muitos que tentaram acabaram se perdendo em excessos. Outros simplesmente morreram em meio à overdose informacional.

MEUS MENTORES MORRERAM DE OVERDOSE

Na jornada da vida, há três verdades fundamentais sobre os problemas que enfrentamos diariamente. Em primeiro lugar, os problemas são uma constante; eles são inevitáveis e sempre surgirão em nosso caminho. Em segundo, cada problema traz consigo uma gama de soluções únicas e personalizadas, esperando para serem descobertas. E, por último, não podemos esperar uma reação uniforme das pessoas diante de um mesmo desafio, a não ser em casos de treinamento específico, como os bombeiros.

No cerne da experiência humana, observamos uma diversidade de respostas. Algumas pessoas enfrentam os problemas de maneira direta e resoluta, abraçando-os com determinação e buscando ativamente por soluções. Outras tendem a delegar ou transferir essas responsabilidades. Há também quem adote uma postura mais reflexiva, analisando cuidadosamente a situação antes de agir. E existem aquelas que buscam orientação e conselho de mentores ou figuras de confiança.

Para muitos de nós, esses mentores populares que vemos na internet, nos livros ou na televisão deveriam ser como faróis em nossa jornada, fornecendo sábios conselhos e orientações claras para nos auxiliar a navegar pelas águas turbulentas da vida. No entanto, é importante lembrar que essas figuras mentoras também são seres humanos, sujeitos às próprias crenças, experiências e limitações. Embora suas orientações possam ser valiosas para algumas pessoas, devemos lembrar que eles oferecem as mesmas dicas para multidões de seguidores, por isso devemos sempre exercer nosso discernimento e questionamento. Afinal, como disse, a luz que eles nos oferecem pode refletir as próprias crenças, perspectivas e visões de mundo – e esses valores podem não ser perfeitamente adequados a nossas necessidades. Assim, seus conselhos, em vez de ajudar, podem nos arrastar para perigosas armadilhas.

Você não deve confiar cegamente nos conselhos de alguém que ostenta uma garagem cheia de carros de luxo, uma coleção de relógios importados e um guarda-roupa repleto de roupas de grife enquanto desfila por mansões, hotéis e restaurantes temáticos ao redor do mundo. A verdade é que essas pessoas podem estar tão ou mais perdidas que você. Isso ocorre porque construíram uma identidade baseada nos bens materiais que adquiriram; em outras palavras, seu valor é definido pelo que possuem. E como você sabe, o brilho da riqueza ofusca a visão dos ingênuos, impedindo que eles enxerguem as verdadeiras intenções gravadas no coração daquele que ostenta.

Como já falamos aqui, uma identidade baseada no TER cobra um preço muito alto. Nos bastidores, esses "mentores" muitas vezes precisam "vender a alma", sugando ao máximo seus seguidores para manter esse estilo de vida que para alguns é admirável.

Ao seguir os conselhos de um mentor despreparado, corremos o risco de complicar ainda mais uma situação que nos pressiona. É como o "braço mecânico imaginário" do qual falamos nos primeiros capítulos do livro que, em vez de aliviar o sofrimento, pode nos lançar em um deserto ainda maior. Um exemplo clássico é quando alguém atolado em dívidas recebe o conselho de empreender. Achando que este é um excelente conselho, essa pessoa pode acabar vendendo seus bens ou tomando mais empréstimos, investindo em um negócio sem a devida preparação e, consequentemente, afundando ainda mais sua crise financeira.

Por outro lado, um verdadeiro sábio, ao estilo de Jesus, não oferece respostas prontas. Seu papel é guiar a pessoa com histórias e exemplos, permitindo que ela chegue às próprias conclusões e soluções. Esse mentor entende que cada pessoa tem a própria jornada e capacidade de enfrentar desafios – por já ter vivenciado a dualidade do mundo e os extremos dos assuntos que domina, ele tem a autoridade e o discernimento necessários para auxiliar o outro de modo eficaz.

O verdadeiro mentor é aquele que possui certo grau de maturidade. Ele conhece os prós e os contras de cada situação em uma área específica que domina e opta pelo caminho que seja mais razoável e adequado ao aflito, buscando sempre a sabedoria em seus conselhos, a qual, muitas vezes, manifesta-se também na arte de saber quando ele deve simplesmente não aconselhar e permanecer em silêncio.

A verdade é que mentores que outrora pareciam nos guiar com tanta clareza agora parecem igualmente confusos e atônitos. É como se os mapas usados para nos orientar de repente se tornassem obsoletos, as bússolas girassem freneticamente diante do magnetismo desconhecido de um novo mundo. Afinal, como podem nos guiar em meio a um deserto que eles próprios ainda estão tentando entender?

É por isso que é importante manter em mente que buscar orientação e apoio é válido e muitas vezes necessário, mas também precisamos desenvolver nossa capacidade de encontrar a verdade dentro de nós mesmos. Isso envolve autoconhecimento, reflexão e confiança em nossas próprias habilidades e intuições. Somos capazes de encontrar respostas e soluções em nossa própria sabedoria interior, mas para isso é preciso expandir a consciência.

Em vez de simplesmente seguir cegamente a luz alheia ou as metas que outros nos impõem, é essencial que consideremos cada orientação recebida apenas como fonte de inspiração para nossa própria jornada em busca de crescimento. Assim, podemos desenvolver uma conexão mais genuína com nosso caminho individual, descobrindo por nós mesmos as respostas e as direções a seguir.

Há um ditado que diz: "Quando o discípulo está pronto, o mestre aparece".[7] Ao alcançar este ponto do livro, você pode estar se aproximando de um momento significativo em sua jornada. Você está

---

7   ZAGO, R. Quando o discípulo está pronto, o mestre aparece. **Somos Todos Um**, [s. l.], 8 abr. 2020. Disponível em: https://www.somostodosum.com.br/artigos/corpo-e-mente/quando-o-discipulo-esta-pronto-o-mestre-aparece-11002.html. Acesso em: 21 jan. 2024.

prestes a adentrar o mundo dos expandidos e a conhecer as chaves que podem abrir os caminhos para a expansão de sua consciência. É sobre essa fascinante aventura que conversaremos no próximo capítulo. Vamos lá?

CAPÍTULO 4

ABRINDO OS CAMINHOS PARA A EXPANSÃO

> "Cheguemo-nos com coração verdadeiro, em inteira certeza de fé; tendo o coração purificado da má consciência, e o corpo lavado com água pura."
> **HEBREUS 10:22**

EM UMA NOITE TRANQUILA DE OUTONO, EM 2022, ACORDEI abruptamente. O relógio marcava pontualmente 3 horas da manhã. Levantei-me para ir ao banheiro e, no caminho, fui surpreendido por um cheiro fortíssimo, que brotava do nada e que eu nunca havia sentido. Era como o vapor denso de um óleo superaquecido, uma fragrância bem específica e indescritível. Abri a janela do apartamento para verificar e percebi que o ar externo estava normal. Apesar de achar aquilo muito estranho, voltei para a cama e dormi. Na manhã seguinte, mencionei o incidente para minha esposa que, por estar dormindo profundamente, não percebeu nada.

Seis meses depois, em abril de 2023, morando em outro bairro, a mesma situação ocorreu. Despertei à 1h15 da madrugada e o mesmo cheiro indescritível impregnava o corredor ao lado da minha cama. Dessa vez, confesso, senti um misto de curiosidade e muito receio. O que significava aquilo? Após uma oração silenciosa, adormeci novamente e, como da primeira vez, relatei o ocorrido à minha esposa.

Algumas semanas mais tarde, encontrava-me sentado na sala, mudando os canais da TV sem muito interesse. De súbito, fui tomado por um impulso inesperado de assistir algo sobre o Egito – um país que sempre me fascinou desde a infância, quando passava horas folheando enciclopédias ilustradas, encantado pelas fotos das pirâmides, da esfinge e dos artefatos arqueológicos. Em uma busca rápida por um serviço de streaming, deparei-me com um documentário sobre uma figura até então desconhecida por mim: Omm Seti. Essa mulher, famosa no Egito, sofreu um acidente doméstico aos 3 anos e ficou inconsciente por um período. Ao despertar, ela assumiu uma nova personalidade, alegando ser alguém que vivera no Egito durante a dinastia do faraó Seti I, pai de Ramsés II.

À medida que o documentário avançava, trazia mais e mais detalhes sobre o faraó Seti e seus feitos, curiosamente sem mostrar nenhuma foto de sua múmia ou ilustração dele. Algo dentro de mim se agitou, levando-me a buscar na internet informações sobre esse enigmático faraó. Quando me deparei com a primeira foto da múmia de Seti I, preservada até hoje no Museu da Civilização Egípcia, no Cairo, uma sensação arrebatadora tomou conta de mim. Meu ouvido direito foi imediatamente tomado por um zumbido estrondoso e agudo, e uma vontade inexplicável de chorar emergiu enquanto encarava aquela imagem. O rosto do faraó, mesmo mumificado, guardava uma semelhança quase idêntica à minha. Em meio ao turbilhão emocional e ao zumbido incessante, uma mensagem ecoou em minha mente: eu deveria ir ao Egito quanto antes.

 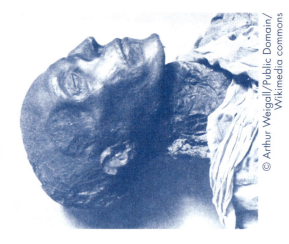

Tudo aconteceu de maneira vertiginosa. Em pouco mais de quatro semanas, já estava embarcando para o Egito, munido apenas da passagem e da reserva do hotel. Sem um roteiro definido, sem guia, sem qualquer conhecimento prévio, apenas movido pela fé de que estava prestes a viver uma experiência sobrenatural.

Foi em 18 de julho de 2023 que um capítulo extraordinário dessa história se desenrolou. No Cairo, contratamos um guia excepcional chamado Ibrahin, que nos levou a conhecer as maravilhas da cidade, incluindo o Grande Museu do Cairo onde estão os tesouros de Tutancâmon. Depois, dirigimo-nos ao Museu da Civilização Egípcia, que abriga as múmias de 22 faraós, entre eles o enigmático Seti I, razão principal da minha jornada através do Atlântico.

Após sua morte, o corpo de Seti I passou pelo mais refinado processo de mumificação, resultando em um rosto que irradia uma serenidade extraordinária. Ele é frequentemente lembrado por sua sabedoria e eficiência como líder do antigo Egito. Ele governou durante o período conhecido como Nova Dinastia, uma era de grande prosperidade e estabilidade para o Egito. Seti I é reconhecido principalmente por suas contribuições na área de construções monumentais, incluindo templos magníficos como o de Abydos e obras em sítios já existentes, como em Karnak e Luxor.

Além disso, ele foi um estrategista militar eficaz, restaurando a presença egípcia em territórios anteriormente perdidos e mantendo a segurança e as fronteiras do império. Sua sabedoria também se refletiu na administração do reino, que viu um período de eficiência administrativa e prosperidade econômica.

Curiosamente, Seti I construiu o templo de Abydos, que foi dedicado a várias divindades egípcias, incluindo Osíris, Ísis, Horus, Amon-Rá, Ptah, e a ele próprio, que foi deificado após sua morte. Esse templo é renomado por sua arquitetura grandiosa e sua arte intrincada. As paredes do templo estão cobertas com inscrições e relevos ricamente detalhados, representando cenas religiosas, mitológicas e cerimoniais. Além disso, as colunas e as câmaras do templo são exemplos notáveis da habilidade e da arte egípcias. Alguns egiptólogos, como R. A. Schwaller,[8] acreditam que Seti I tinha um grande interesse em comprovar a reencarnação e a criar registros de memória, tanto que uma das características mais famosas do Templo de Abydos é a "Lista de Reis de Abydos", um registro de cartuchos contendo os nomes de 76 reis do Egito, desde Menes (Narmer) até Seti I e seu filho Ramsés II. Essa lista é uma fonte valiosa de informação histórica.

Quando fiquei diante do caixão de vidro que preservava o corpo do faraó, um turbilhão de emoções me envolveu, e uma série incontrolável de bocejos me dominou, persistindo pelo resto do dia. Ao apoiar minhas mãos sobre o vidro, notei a existência de três pequenas pintas em minha pele. Embora estivessem lá desde a infância, nunca havia percebido que, juntas, formavam um desenho piramidal – peculiar, considerando que são as únicas marcas em minhas mãos. Tempos depois descobri por meio de meditações que aquela marca se tratava de uma pista de minha ancestralidade.

Fonte: acervo pessoal.

---

[8] O OLHO de Hórus. Argentina: [s. n.], 1999. 1 vídeo (60 min). Disponível em: https://filmow.com/o-olho-de-horus-t38103/. Acesso em: 22 jan. 2024.

No dia seguinte, fomos visitar a igreja de São Sérgio e São Baco, erguida sobre a gruta que abrigou Jesus ainda na infância, que teve que fugir de Israel com sua família por causa da ameaça do rei Herodes, o Grande. Esse episódio é conhecido como a "Fuga para o Egito" e está relatado no evangelho de Mateus, no Novo Testamento. Ao entrar naquele lugar, eu vivi o mais intrigante dos fenômenos.

Enquanto o guia narrava as histórias do local sagrado, sentado em um dos bancos da igreja, senti novamente aquele mesmo cheiro peculiar que havia sentido por duas vezes em minha casa no Brasil. Dessa vez, era mais intenso, mais marcante e indiscutivelmente misterioso. Minha família e o guia também sentiram. Curiosamente, o cheiro se intensificava à medida que nos aproximávamos da gruta, mas não estava presente dentro dela. Regressei ao hotel com uma interrogação pulsando em minha mente: que cheiro era aquele? Quem ou o que o estava exalando? Seria uma mensagem? Que significado teria? E, principalmente, essa fragrância me conduziu até aquele lugar sagrado para quê?

Desde esses episódios enigmáticos, tenho me dedicado a pesquisar e a entrevistar pessoas sobre as misteriosas sincronicidades da vida. Em uma de minhas meditações profundas, foi-me revelado que tanto a espiritualidade quanto nossa ancestralidade nos deixam pistas sutis em nossas memórias, emoções e até mesmo em nosso corpo físico, mas precisamos ter a mente aberta, serena e expandida para perceber.

Expandir a consciência é como afastar as cortinas e abrir as janelas para sentir a brisa e observar o céu. Tal como essa ação simples nos liga diretamente ao ambiente externo, permitindo-nos absorver com os próprios sentidos a realidade que nos circunda, a expansão da consciência é o processo de abrir as janelas internas da alma. É um ato corajoso de encarar a realidade em sua forma mais crua e autêntica, buscando uma compreensão mais aprofundada tanto do mundo tangível quanto dos mistérios que nos rodeiam.

Nossa existência se desenrola em dois palcos distintos. Um é o mundo físico, o palco de nossa jornada terrena, onde crescemos, aprendemos, trabalhamos e vivemos o ciclo diário de atividades; este é o mundo onde as regras são claras, as leis da natureza regem nossas vidas e os sentidos físicos são nossos guias. O outro palco é um domínio repleto de enigmas, a esfera espiritual – a verdadeira morada de nossas almas, de onde viemos e para onde, inevitavelmente, retornaremos. Esse reino, embora invisível aos olhos físicos, é tão real quanto o ar que respiramos, comprovado pelos fenômenos que desafiam nossa compreensão material.

Na busca pela verdade sobre esses dois mundos, não cabe dúvida sobre qual deles detém a realidade suprema. Se estamos aqui, em uma existência limitada por um corpo físico, porém dotada de incrível complexidade e capacidade, devemos reconhecer que nossa origem não é acidental. As experiências sobrenaturais relatadas por inúmeras pessoas ao redor do mundo são testemunhos de uma realidade além da material, indicando que o universo é vasto e repleto de camadas ainda não exploradas pela ciência convencional. No entanto, para desvendar os segredos desse mundo invisível e misterioso, é preciso adotar uma postura de humildade e abertura para o aprendizado. O estudo, tanto intelectual quanto espiritual, é a chave para acessar e compreender essas dimensões ocultas, abrindo caminho para um entendimento mais profundo de quem somos e do propósito de nossa existência.

Talvez ainda não exista uma explicação racional para o que vivenciei no Egito. Talvez seja apenas a espiritualidade sussurrando: "Estou aqui, cuidando de você". Essa percepção é a que mais ressoa em mim, pois aquela força me retirou da segurança do meu lar e me transportou para um local sagrado, onde vivenciei experiências extraordinárias cujos significados ainda estou decifrando.

A espiritualidade, sutil e onipresente, nos apresenta sinais cada vez mais evidentes, sobretudo para aqueles cuja consciência está em expansão. Ao nos abrirmos verdadeiramente para ela, começamos a experimentar uma crescente ocorrência de sincronicidades.

Essa incrível experiência sugere que as respostas para questões existenciais que buscamos podem estar mais perto do que imaginamos, talvez até mesmo na palma de nossas mãos. Quem sabe você tenha passado por experiências sobrenaturais e também esteja em busca de respostas. Se você também sente esse chamado da espiritualidade e está disposto a reconhecer as pistas deixadas em seu caminho, o primeiro passo é cultivar a confiança.

ABRINDO OS CAMINHOS PARA A EXPANSÃO

Este é o verdadeiro tesouro daqueles que se expandem: a habilidade de abrir as cortinas da percepção, revelando a verdade que jaz além da janela da realidade cotidiana, e confiar na intuição. Nessa jornada, você não apenas descobre novos horizontes, mas também se redescobre, compreendendo melhor sua essência universal e o imenso potencial que reside dentro de si.

SOMOS PARTE DE UM GRANDE UNIVERSO

Até onde um ser humano pode chegar ao expandir sua consciência? Se o objetivo da pergunta é compreender as vantagens dessa expansão para avaliar se vale a pena o esforço, então a resposta mais direta seria: você pode chegar até Deus. No entanto, é crucial entender que existe outro benefício da expansão da consciência que está em desfrutar das surpresas celestiais que surgirão durante o caminho, das sincronicidade de eventos, do reconhecimento de que estamos curando nossos traumas, de ver os problemas sendo resolvidos como mágica, de sentir nossa energia crescendo, de que não estamos sozinhos. Claro, alcançar esse estado exige algum esforço, mas posso assegurar que pode ser a experiência mais incrível de sua vida.

Quando falamos em expandir a consciência, estamos sugerindo que o ser humano pode expandir sua mente até alcançar o conhecimento sobre o universo. Afinal, ao estudar o homem, você conhece o universo; ao estudar o universo, você conhece o homem. Na lógica divina, o universo se manifesta ao homem, aplicando-lhe as leis universais; e o homem, por sua vez, ascende ao universo, desvendando as leis ocultas que lá residem. Vamos investigar melhor isso.

Em uma aula, um professor desafiou seus alunos a refletirem sobre a composição fundamental do corpo humano. "Somos feitos de células", respondeu um aluno. "E o que compõe as células?", continuou o professor. "Moléculas de DNA", foi a resposta. Mas quando questionados sobre o que compõe as moléculas, os alunos não conseguiram ir além. Sim, o corpo humano é composto de células, indo além encontramos os átomos. Na perspectiva da Física, os átomos são a menor unidade de qualquer corpo físico, incluindo o ser humano.

Eles são constituídos por partículas ainda menores como prótons, nêutrons e elétrons.

Ao se aprofundar mais, chegamos às partículas subatômicas, os componentes dos próprios átomos. Para fins didáticos, consideremos o átomo a unidade fundamental. O solo, as montanhas, os vales, todas as formas de matéria sobre a qual pisamos também são compostos de átomos, assim como plantas, árvores, animais, insetos e aves. O ar, a água, o gelo e até o fogo são constituídos de átomos. O universo inteiro, incluindo nós mesmos, é formado por elementos químicos fundamentais como carbono, hidrogênio, oxigênio e nitrogênio. Esses elementos estão em tudo, das estrelas distantes às rochas terrestres.

E aqui começa uma história fascinante. Todos os átomos do universo podem interagir e se comunicar por meio da troca de energia, seguindo as leis da natureza. As interações atômicas, principalmente por meio da força eletromagnética, são exemplos incríveis de como as forças fundamentais da Física operam em nosso cotidiano.

Por exemplo, a força gravitacional mantém você preso à Terra, ao passo que as forças eletromagnéticas são responsáveis pela sensação de toque. Quando seus pés tocam o chão, as forças eletromagnéticas repulsivas entre os elétrons impedem a passagem dos átomos uns pelos outros. E na caminhada ocorre uma transferência de energia mecânica para o solo e vice-versa.

Essas interações nos mostram como as leis da Física regem constantemente as relações entre os seres humanos e todo o ambiente físico. Seu corpo está ligado a uma cadeia infinita de energia. Você está conectado às moléculas da roupa que veste que, por sua vez, estão interligadas ao tecido da cadeira em que está sentado. Essa cadeira está firmemente ligada ao piso, que se conecta ao solo, estendendo-se e unindo-se aos demais solos do mundo.

Portanto, nós somos parte de uma vasta teia de energia que se espalha por todo o planeta e além, envolvendo mares, atmosfera e tudo mais que existe. Nossa existência não é isolada, mas sim um elo valioso de energia e magnetismo com tudo ao redor.

Seu corpo é uma "máquina" que gera campos magnéticos, sobretudo em razão da atividade elétrica no coração e no cérebro. Quando expandimos a consciência, aprendemos a manipular energia do campo magnético e penetrar o campo das pessoas que estão ao nosso redor. Isso permite que a pessoa consiga fazer uma leitura do que a outra está sentindo. Isso não é novo, nas escolas esotéricas do antigo Egito os discípulos já treinavam a comunicação telepática.[9] Às vezes isso acontece conosco, sem que percebamos. Por exemplo: a pessoa ao seu lado diz exatamente a frase que você estava pensando ou o fenômeno de pensar em alguém e essa pessoa entrar em contato com você pouco tempo depois. O mais incrível é que essa troca não acontece apenas com humanos, ocorre também no plano espiritual e na natureza.

Veja um exemplo: em uma manhã, eu estava trabalhando no computador, sentado à mesa no quintal de minha casa. De repente, a uns 30 centímetros de distância, uma pequena aranha surgiu vindo debaixo do tampo da mesa e, ao perceber minha presença, ela parou. Como você reagiria ao ver o pequeno aracnídeo? Ignoraria sua presença e continuaria trabalhando? Esmagaria a aranha com seu calçado ou tentaria entrar no campo de energia dela?

Se a aranha assume uma posição de defesa, existe uma informação que ela está tentando lhe passar. Ela reagiu assim por medo e instinto de sobrevivência. Ou seja, você poderia deduzir que aquele pequeno aracnídeo provavelmente está com muito medo de você fazer mal a ele, por isso foge ou tenta se proteger. Entenda que não precisa falar a linguagem da aranha, basta se conectar à energia dela que a mensagem chega. Assim, bastaria assoprar ou afastá-la com um graveto para outro lugar sem precisar lhe fazer mal.

Os pássaro saem voando quando você se aproxima? As borboletas e os demais insetos voadores se afastam? As baratas e os roedores fogem covardemente diante de sua presença? Isso significa que eles também têm medo de você. E isso, por um lado, é triste, pois a energia que eles recebem é que você poderá machucá-los, por mais que não seja sua intenção. O fato é que, ao sentir sua presença, eles emitem algum tipo de resposta que só a expansão da consciência faz você perceber.

---

9   *Ibidem.*

Eu passei parte de minha infância na zona rural, morava no sítio de meus tios. Lá eu presenciei muitas cenas angustiantes dos adultos abatendo porcos, carneiros e gado para alimentação, rotina para quem vive na zona rural. Na época, eu não tinha o nível de consciência que possuo hoje, mas jamais esquecerei as tentativas desesperadas de fuga dos animais quando percebiam o que estava prestes a acontecer, os gritos aterrorizantes quando eram capturados e o olhar... aquele olhar que diz tudo. Eles estavam vibrando a energia do medo, estavam apavorados e entregues à própria sorte.

À medida que expandimos nossa consciência, ficamos mais sensíveis a esses fatos, pois acessamos um padrão de energia mais refinada. Percebemos que toda interação, seja com as pessoas, com os animais ou com a natureza, em uma medida maior serve de alguma maneira para nosso aperfeiçoamento. Muitas pessoas já perceberam isso e pararam de comer carne, por exemplo.

Claro que não estou sugerindo que você mude seus hábitos ou vá ao zoológico e entre na jaula dos tigres. Mas quero que perceba que um expandido é aquele que treina sua percepção e sensibilidade para olhar além dos fatos e sentir a conexão existente entre todos os seres.

A grande chave para vivermos em harmonia na Terra é aprimorar o magnetismo que sai do coração, que também pode ser chamado de energia do amor. Ao aprender a ver o outro e a natureza com respeito e compaixão, você começa a perceber que nunca estamos sozinhos. Ao se conectar com essa nova fonte de energia, você descobre que é possível explorar um universo de possibilidades.

NEM MAIS NEM MENOS. O PERFEITO EQUILÍBRIO DAS COISAS

O caminho para a expansão da consciência também envolve compreender como nosso cérebro trabalha com ondas cerebrais. Por exemplo, no estado de vigília, quando estamos trabalhando, estudando ou lendo – como você está fazendo agora – nosso cérebro opera predominantemente na frequência das ondas beta. Esse é nosso estado consciente. Por meio de exercícios de respiração e concentração, podemos acessar uma frequência cerebral mais sutil, chamada theta.

No estado de theta, alcançamos um nível de consciência expandida, o que nos permite abrir "telas mentais" para trabalhar com visualização criativa, comandos mentais e programar ou reprogramar o que desejamos para nossas vidas.

Interessantemente, até os 7 anos, as crianças operam naturalmente com ondas theta. Isso significa que elas estão mais abertas à espiritualidade. Uma vida em estado de fluxo e equilíbrio envolve ter acesso e habilidade para modular essas frequências de ondas cerebrais a nosso favor. Isso é uma característica marcante dos expandidos, que aprenderam a usar as diferentes frequências de ondas cerebrais para enriquecer suas experiências de vida e expandir ainda mais sua consciência.

Segundo a tradição hermética, tal como apresentado em textos como *O Caibalion*,[10] existem três planos de manifestação que a mente de um expandido consegue acessar:

- **Plano físico:** é o mundo material e dos sentidos tal como o conhecemos e que está sujeito às leis da Física;
- **Plano mental:** é o plano da mente, dos pensamentos, das ideias e das ondas cerebrais;
- **Plano espiritual:** é o plano do espírito, considerado superior ao mental e ao físico, no qual nossa consciência individual se conecta com a grande consciência ou o conhecimento universal.

Ao acessar diferentes planos de consciência, começamos a perceber um equilíbrio perfeito em tudo o que existe no mundo. As correntes marítimas, as massas de ar que circulam pelo planeta, o ciclo das quatro estações, todos os animais, aves, plantas, insetos e até bactérias têm um propósito e buscam viver em harmonia, apesar das frequentes interferências humanas. Por exemplo: a abelha coleta néctar das flores sem exceder sua capacidade e, em troca, realiza um ato de gratidão e mutualismo, espalhando o pólen entre as flores e

---

10 OS TRÊS INICIADOS. **O Caibalion**: estudo da Filosofia Hermética do antigo Egito e da Grécia. São Paulo: Pensamento, 1978.

assegurando sua reprodução e sobrevivência. Em outras palavras, ela entra em um estado de fluxo harmônico com a planta.

Essa relação simbiótica e equilibrada é um exemplo do que os expandidos procuram emular em sua conexão com a natureza. Eles entendem que tudo no universo existe por um motivo, seguindo o Princípio da Polaridade[11] descrito no hermetismo, que ensina que tudo possui dois polos opostos entre si – calor e frio; rapidez e lentidão; alto e baixo; bem e mal; paixão e ódio; alegria e tristeza; trabalho e preguiça; e assim por diante. Cada par de opostos, embora aparentemente antagônico, está interligado e faz parte de um todo maior.

Os expandidos reconhecem e respeitam essa interconexão. Com a mente em expansão, eles conseguem extrair sabedoria de cada evento, compreendendo que os opostos não são forças isoladas, mas componentes essenciais de um equilíbrio dinâmico que permeia toda a existência. Em termos simples, o Princípio da Polaridade nos ensina que as coisas aparentemente opostas são apenas diferentes graus da mesma coisa. Por exemplo: calor e frio são extremos de um mesmo fenômeno (a temperatura), mas existem em diferentes graus ao longo de um espectro.

Outro caso é a dupla paixão e ódio – ambas são emoções poderosas que estão ligadas como pontas de um mesmo cordão. Eles podem nos motivar a agir de maneiras muito diferentes. A paixão pode nos inspirar a ser generosos, cuidar dos outros e trabalhar para criar harmonia. O ódio, por outro lado, pode nos levar a confrontos e ações destrutivas. Qual aprendizado um expandido deve perceber, uma vez que conhece esses pontos extremos dos sentimentos humanos? A lição é que todo extremo leva ao sofrimento – no último exemplo, conseguimos perceber que paixão e ódio em excesso podem gerar conflito –, então o ensinamento da dualidade é entender que para viver em harmonia precisamos encontrar exatamente o meio entre os extremos – o que chamamos de neutralidade.

Em outro exemplo, temos ação *versus* preguiça. A ação nos permite atingir nossos objetivos, ao passo que a preguiça pode nos impedir

---

11 O 4º PRINCÍPIO hermético – Polaridade. **Astrolink**, [*s. l.*], 2024. Disponível em: https://www.astrolink.com.br/artigo/polaridade. Acesso em: 22 jan. 2024.

de realizar as coisas. Encontrar o equilíbrio, ou seja, a neutralidade, pode nos ensinar a importância do descanso e da recuperação – muita ação sem descanso pode levar ao esgotamento, à medida que muito descanso sem ação pode levar à estagnação.

A expansão nos ensina, portanto, a entender e reconhecer a polaridade existente no mundo e nos permite transcendê-la ao encontrarmos o caminho do meio.

Ao atingir esse entendimento, você aprende que pode realizar a transmutação mental, mudando suas ondas cerebrais para permitir a expansão, visto que nela reside a sabedoria. Você se torna o próprio alquimista, um ser capaz de manipular a energia do pensamento a seu favor, a favor do outro, da natureza e do mundo.

É PRECISO OLHAR PARA DENTRO, PENSAR NOS PENSAMENTOS

Sabe aquelas ocasiões em que seus nervos ficam à flor da pele? Por exemplo: quando alguém lhe fecha no trânsito; faz você esperar horas para, depois, não ser atendido; trata você com injustiça; e outras inúmeras situações do cotidiano. São nesses momentos que o poder da expansão da consciência se torna evidente. A gestão de nossos pensamentos, sobretudo aqueles que surgem após experiências emocionalmente intensas, como discussões acaloradas, é uma habilidade crucial para a manutenção do equilíbrio, da paz e, principalmente, da saúde mental. Por outro lado, esses momentos são importantes para o processo de nos tornarmos mais conscientes de nossas reações internas diante de circunstâncias externas.

A desassociação, um conceito amplamente explorado na Programação Neurolinguística (PNL), é um dos mecanismos por meio do qual podemos alcançar um nível de expansão da consciência. Esse processo envolve a observação retrospectiva de nossos comportamentos e reações em eventos passados como um observador distante, proporcionando uma perspectiva única e valiosa sobre a forma como reagimos. Por exemplo: depois de ficar duas horas de pé em uma fila, o atendente lhe informa que você terá de voltar no dia seguinte, pois naquele momento o prazo estava esgotado. Desassociar significa observar a cena como se você estivesse vendo tudo por uma câmera. Você olha a maneira como reagiu, aprende com aquela situação e se torna mais sábio, preparado para lidar com aquela situação de modo diferente da próxima vez.

Por meio da desassociação, somos capazes de praticar o que os filósofos chamam de "metapensamento", que seria o ato de pensar sobre nossos pensamentos. Essa incrível capacidade nos permite verificar a qualidade do que passa em nossa mente com um grau de objetividade, permitindo-nos interromper padrões de pensamento repetitivos como uma música que toca milhares de vezes dentro de nossa cabeça.

Dominar os próprios pensamentos significa não ser governado por eles, mas ter a habilidade de escolher como responder a eles de modo inteligente, estratégico e equilibrado. Por exemplo: ao notar que você foi tapeado naquele atendimento, em vez de ficar roxo de raiva e comprometer sua saúde, você simplesmente conversa de maneira amigável, tenta resolver da melhor forma e, se não for possível resolver naquele momento, você e o funcionário buscam juntos um jeito de chegar a uma solução razoável para o próximo atendimento. Ou seja, no lugar de tentar controlar o que você não pode, tente criar o melhor cenário possível para a próxima vez que passar por uma situação similar.

Olhar para nossos pensamentos e, consequentemente, estudar nossas reações, nos proporcionam a liberdade para agir a partir de um lugar de compreensão e escolha consciente, em vez de reagir impulsivamente a situações emocionalmente carregadas.

À medida que explora os recantos internos de seu ser e cultiva o poder do metapensamento, você aprende a compreender suas emoções, gerenciar suas reações e, em última análise, viver a vida de modo mais leve e satisfatório, passando a olhar o mundo com os olhos de Cristo.

VER COM OS OLHOS DE CRISTO. SENTIR O AMOR DE CRISTO EM TUDO

Quando apresentei aqui o exemplo da aranha que surge repentinamente saindo debaixo do tampo da mesa, a sugestão era que, no lugar de reagir com violência ou pavor, você expandisse sua consciência, tentasse se conectar e enxergar o acontecimento de modo diferente. Um princípio de sabedoria nos ensina que, para entender alguma coisa, precisamos nos tornar essa coisa. Com a consciência expandida, seus olhos, sua mente e seu coração atravessam o véu dos julgamentos superficiais e se conectam aos outros seres a ponto de sentir aquilo que eles sentem. Eu chamo essa perspectiva única de "ver com os olhos de Cristo", como está em 1 Coríntios 13:12 na Bíblia: "Agora eu conheço em parte, mas então conhecerei como também eu sou conhecido".

A forma de ver o mundo de um expandido não é meramente uma mudança de perspectiva ou ponto de vista, mas uma transformação mental e espiritual. Quando perguntei sobre o modo como você reagiria ao se deparar com uma pequena aranha em cima da mesa, era para você entender que existe uma maneira de encarar os fatos que envolve o sentimento de compaixão, empatia e profunda consideração pelo ser vulnerável. É a capacidade de olhar além das fachadas que as pessoas apresentam ao mundo e ver o divino em cada um. Naturalmente, não estou dizendo que você não tenha que se defender diante de uma pessoa que tenta agredi-lo fisicamente, mas, acredite, ao mudar seu estilo de vida e sua energia, um cenário assim dificilmente vai acontecer, pois seu campo magnético não se conecta mais a esse tipo de situação.

Ao nos depararmos com uma ofensa na rua, uma atitude desleal de um colega de trabalho ou um pedido de esmola na janela do carro, existem duas maneiras de lidarmos com cada situação: você tem a opção de revidar a ofensa na rua ou responder com gentileza, oferecendo um sorriso e um aceno amigável; pode confrontar o colega de trabalho, buscando entender suas motivações, ou carregar o ressentimento como um pesado fardo nas costas, reclamando o tempo todo; e tem a possibilidade de oferecer alguma ajuda financeira, alimento ou palavras de carinho ao pedinte, reconhecendo a desigualdade de condições entre vocês, ou ignorar a situação, fechando o vidro e fingindo que não há ninguém ali.

No fim, olhar para o outro e para os acontecimentos com os olhos de Cristo significa acender o próprio farol e ser luz na vida de outras pessoas. É um desafio, sem dúvida, mas também uma oportunidade para comparar, aprender e evoluir.

As perguntas que um expandido faz quando está diante de uma situação dramática são: como Cristo olharia para essa situação? Como Cristo pensaria a respeito? Como agiria? O simples fato de fazer essas perguntas tira imediatamente sua cabeça do fluxo de respostas prontas, rudes e agressivas que alguém daria naquela situação e traz sua mente para o presente, um ser sábio capaz de refletir antes mesmo de reagir.

Nunca é demais repetir: cada evento é uma oportunidade para você comparar, conhecer e decidir como reagir. Se o comportamento de outra pessoa o incomoda, o problema reside em você, e não nela. Talvez essa pessoa esteja perfeitamente satisfeita com o próprio comportamento – e isso não deveria ser motivo de irritação para você.

Ver com os olhos de Cristo é mais do que ter empatia, é um exercício de sabedoria também. É reconhecer a oportunidade de evoluir a cada interação. É reconhecer que cada pessoa que encontramos em nossa jornada é um espelho que reflete algo dentro de nós. É a habilidade de olhar além das aparências e tocar a essência, o divino, em cada indivíduo e situação.

E quando começamos a olhar com esses olhos de Cristo, começamos a ver a beleza onde antes víamos conflito, a harmonia onde antes víamos apenas discórdia. E, acima de tudo, começamos a ver o amor onde antes só víamos diferenças.

QUANDO A VOZ DA INTUIÇÃO SUSSURRAR, ESTEJA PRONTO!

Imagine que existem dois sábios para aconselhar e ajudar você em momentos em que a indecisão povoa sua cabeça: o primeiro é o pensamento lógico, processado no hemisfério esquerdo do cérebro; é ele quem examina quadro a quadro a situação e estuda as possíveis soluções com precisão analítica. E o segundo é a intuição, uma voz amorosa que sussurra suavemente dentro de sua cabeça, instigando-o a seguir por caminhos improváveis, sobretudo em situações críticas.

A intuição é um dos principais veículos de manifestação da expansão da consciência. Ela é a voz que ressoa pelos vazios de nossa mente, oferecendo orientação mesmo quando a lógica parece contestar. Está sempre presente, mas, como já observamos, frequentemente é abafada pelos ruídos estridentes de pensamentos invasivos, por refrões incessantes de músicas e pelo bombardeio constante de estímulos sensoriais que enfrentamos no dia a dia. Distinguir essa voz sutil da intuição em meio a tanto barulho mental pode ser realmente desafiador. Por isso, precisamos desenvolver a habilidade de utilizar o poder da concentração para acalmar a mente.

Quando aprendemos a acalmar a mente e a ouvir e confiar na intuição, conseguimos navegar pela vida com maior clareza em nossas escolhas, pois somos guiados por um entendimento profundo que transcende a lógica convencional.

Certa vez, enquanto eu estava concentrado no trabalho em meu escritório, recebi uma mensagem com um vídeo compartilhado por um grupo de amigos. Geralmente, eu evito abrir esses vídeos para manter o foco e também por não encontrar grande valor neles. Mas, naquele dia específico, senti uma forte intuição me impelindo a assistir ao vídeo. Havia algo dentro de mim que me dizia que era importante.

Dois dias depois, minha esposa estava dando xarope expectorante ao nosso filho de 2 anos. O medicamento, de consistência densa, acabou bloqueando completamente as vias respiratórias do pequeno. Assistimos, aterrorizados, seus lábios ficarem roxos e seu corpo perder a força nos braços dela. Foi então que me lembrei do conteúdo do vídeo que eu havia assistido pelo impulso daquela intuição. Nele, um bombeiro demonstrava como realizar a manobra de Heimlich em casos de engasgo. Rapidamente, apliquei a técnica e, graças às instruções do bombeiro, consegui salvar a vida do meu filho.

Poderia ter sido um dia como outro qualquer, em que eu ignoraria o vídeo ou o assistiria sem prestar muita atenção. Mas naquele dia eu estava em um estado de presença, aberto às mensagens do mundo espiritual. Ela me guiou para uma sincronicidade vital – aprender algo que seria crucial em uma situação de emergência.

A espiritualidade se comunica conosco por meio de uma miríade de sinais, cada um com a própria linguagem sutil e significativa. A intuição, por exemplo, pode se manifestar de maneiras variadas: talvez como um zumbido mais intenso em um dos ouvidos, um pensamento inesperado que atravessa a mente, um sonho revelador, uma imagem mental que surge do nada ou até mesmo por meio da observação atenta do comportamento alheio, como um estranho que, ao recomendar um livro, acaba por transformar sua vida.

Por isso, é crucial estar alerta e receptivo, aberto às mensagens sutis que a vida nos envia. Nesses momentos, a intuição não somente nos orienta, mas também nos conecta a uma sabedoria mais ampla, desvendando caminhos e conhecimentos que, de outra forma, poderíamos negligenciar.

Mais que um mero sussurro fortuito, a intuição pode emergir das profundezas de nossas memórias, fazendo um elo com nossa ancestralidade. Ela nos guia para lugares e situações repletas de aprendizado, em que a inteligência convencional e a sabedoria tradicional se mostram insuficientes para explicar. Essa foi uma verdade que vivenciei intensamente durante minha jornada pelo Egito.

Autores renomados como Gary Klein e Daniel Kahneman, na obra *Rápido e devagar*,[12] demonstraram que a intuição é uma ferramenta poderosa para a tomada de decisões, sobretudo em situações que exigem rapidez. Mais que um meio para navegar no mundo, a intuição é um farol que ilumina o caminho para a expansão da consciência.

No próximo capítulo, abordaremos maneiras práticas de estimular a expansão da consciência. Vamos explorar diversas técnicas e rituais que podem auxiliá-lo nessa jornada de autodescoberta. Então, continue firme em sua caminhada rumo à transformação pessoal e à expansão.

---

[12] KLEIN, G; KAHNEMAN, D. **Rápido e devagar**: duas formas de pensar. Rio de Janeiro: Objetiva, 2012.

CAPÍTULO 5

O RITUAL DO RENASCIMENTO

" E desceu a chuva, vieram as inundações, e sopraram os ventos e golpearam contra aquela casa, mas ela não caiu, porque estava fundada sobre a rocha."
MATEUS 7:25

ATÉ AQUI VOCÊ CONHECEU OS PRINCÍPIOS GERAIS QUE LIMItam a expansão da consciência e entendeu que é preciso adotar uma nova mentalidade para se libertar das armadilhas que encontramos em nossa caminhada. O próximo passo será conhecer as ferramentas que temos à disposição para esse fim e nos aprofundarmos nas características e nos comportamentos essenciais para todos que sentem o chamado e desejam se tornar um expandido. Além disso, conheceremos os benefícios e os desafios de colocar em prática tais ferramentas que nos permitem vivenciar a expansão.

Entendo o encontro com nossa espiritualidade como um grande desafio, pois é fundamental moderar a empolgação inicial com as descobertas e os fenômenos sobrenaturais e focar a disciplina necessária para praticar todos os dias tudo o que for orientado. Como discutido anteriormente, o sucesso na expansão da consciência está intimamente ligado à capacidade de concentração da mente e à disciplina para fazer com excelência o que for necessário para isso.

Para aqueles que não compreenderam ou estudaram profundamente o que foi explicado nos quatro primeiros capítulos deste livro sobre os fatores, os estilos de vida e os comportamentos equivocados que impedem a expansão da consciência, recomendo uma releitura do assunto com a mente aberta. O que está em jogo aqui é sua conexão (ou não) com um mundo totalmente novo, por isso é fundamental que você entenda bem onde está pisando.

A expansão da consciência envolve mudança de hábitos, alteração de energia e elevação de nosso estado vibracional, e isso implica renúncias. Assim como o alpinista precisa ter experiência e os equipamentos certos para chegar ao topo da montanha, um expandido precisa aflorar os sentidos físicos e astrais para perceber a expansão. Portanto, a preparação para essa jornada demanda alguns passos fundamentais:

1. **Coragem ilimitada e mente aberta:** você precisa ter coragem para expandir a consciência e acessar o mundo invisível. Precisa ter a mente aberta, ser racional e manter a calma para não ser pego de surpresa por visitantes desconhecidos que poderão surgir inesperadamente. E não deve se empolgar com o primeiro indício de expansão para não dar espaço ao ego. É preciso manter sua mente sempre humilde, tranquila e focada.

2. **Senso elevado de retidão e moralidade:** a pessoa que busca expansão da consciência e aprofundamento de sua espiritualidade precisa ter cautela sobre as pessoas com quem pode compartilhar tais assuntos. Nem todos os seres humanos atingiram um grau de evolução para compreender o significado da expansão. Por isso, trabalhar em silêncio

muitas vezes é a melhor decisão. Ter um forte senso de justiça e moralidade faz parte dos valores de um expandido, pois isso impede o abuso de poderes e conhecimentos que podem ser adquiridos do mundo invisível.

3. **Desejo de iluminar o mundo:** buscar a luz não apenas para o próprio benefício, mas também para confortar e auxiliar aqueles cujas imperfeições terrenas os impedem de se expandir. Isso não envolve necessariamente abordar, conversar ou tentar doutrinar outras pessoas, mas apenas enviar a elas boas ondas de magnetismo, boas vibrações de energia ou uma oração feita com o pensamento elevado ao divino. Isso por si só pode promover verdadeiros milagres.

4. **Entendimento e conscientização:** reconhecer que você já possui dentro de si tudo o que é necessário para desenvolver as qualidades super-humanas de seu espírito e trabalhar esse entendimento com humildade e responsabilidade.

5. **Consciência sobre opiniões banais e mentiras:** é importante estar ciente de que a mente descompromissada produz opiniões comuns, julgamentos e mentiras que podem distorcer a comunicação dos seres astrais com nossa consciência expandida, levando-nos a ouvir a voz do ego em vez da verdade.

6. **Compromisso com a verdadeira orientação:** quando você aceita a espiritualidade como sua guia, as serpentes das tentações que nos rondam são dominadas e você alcança um estado divino. No entanto, se por mau comportamento ela se afasta de você, isso pode levá-lo a queda ou a ser engolido pelas serpentes.

Cada um dos passos descritos anteriormente deve ser cuidadosamente entendido e integrado à sua rotina diária, pois são fundamentais no caminho para se tornar um expandido. Não custa lembrar que somos alpinistas da vida e agora estamos prestes a escalar a montanha da autodescoberta. Por isso devemos ter responsabilidade, equilíbrio, sabedoria e compreensão, além de humildade e respeito profundo pela verdade.

Como vimos até aqui, a ideia de "expansão da consciência" é muito ampla e, dependendo do contexto, faz-se necessário um tipo específico de ferramenta. Se você quer expandir sua inteligência, leia um livro, faça um curso, estude; se você quer expandir sua experiência de vida, converse com uma pessoa mais madura que tenha autoridade no tema em que você quer se aprofundar. Por outro lado, quando busca expandir sua consciência para desenvolver sua espiritualidade e conexão com o divino, você pode utilizar rituais específicos. Desse modo, selecionei oito rituais práticos nada convencionais que podem ajudar você a elevar sua energia, sua vibração e, consequentemente, sua consciência divina.

O primeiro é o **Ritual do Renascimento**, que permite explorar um processo de autodescoberta, como uma jornada para renascer com uma nova consciência; essa prática libera padrões antigos, abrindo espaço para novas percepções e experiências, como se despertássemos para uma nova realidade. No segundo, o **Ritual do Sol**, mergulhamos na energia revigorante do sol, rejuvenescendo corpo e mente com sua luz e calor, trazendo conexão com o astro rei, clareza e foco, como se o próprio sol nascesse dentro de nós.

No **Ritual da Respiração**, entramos em contato com a essência da vida, o *prana*, encontrando calma e equilíbrio, como se cada respiração fosse uma renovação de nosso ser. No **Ritual da Purificação do Corpo**, encontramos um processo de limpeza e renovação, removendo as impurezas internas e revitalizando o corpo, como um rio que purifica tudo o que toca.

Com o **Ritual de Concentração**, aprimoramos a habilidade de focar e silenciar a mente, treinando-a para ter a precisão de um feixe de luz, ajudando-nos a enfrentar desafios diários com maior eficácia. O **Ritual de Conexão com a Natureza** nos ensina como se reconectar com o mundo ao nosso redor, fortalecendo nossa relação com a terra, o ar e a água, como se nos tornássemos parte integrante do ecossistema natural.

No **Ritual de Meditação**, alcançamos uma profunda paz interior, navegando pelas águas tranquilas de nossa própria consciência, descobrindo nossa verdadeira essência. E, finalmente, o **Ritual de Estímulo da Energia Kundalini** é uma experiência transformadora que pode nos aproximar ou quem sabe até despertar a poderosa energia adormecida dentro de nós, elevando-a e iluminando nosso caminho espiritual, como se acendêssemos uma tocha interna que ilumina a escuridão.

Cada um desses rituais atua como uma chave única, abrindo distintas portas para o magnífico reino interno que todos possuímos. Eles são ferramentas poderosas que desbloqueiam variados aspectos de nossa existência, promovendo curas, impulsionando nosso crescimento e evolução e nos conectando de maneira mais íntima tanto com o universo quanto com nosso *eu interior*.

Ao absorver os ensinamentos inerentes a cada ritual, aplicá-los na prática e integrá-los ao cotidiano, você estará construindo uma base sólida e merecedora que iluminará seu caminho na jornada da expansão da consciência. Esses processos, embora aparentem simplicidade, possuem uma sofisticação espiritual ímpar. Eles demandam disciplina e persistência, constante auto-observação, um aprendizado profundo e, acima de tudo, um desejo incessante de transformação contínua. Tudo isso em busca de uma compreensão mais aprofundada de si mesmo e do universo que nos envolve.

Essa jornada não é apenas um caminho para o autoconhecimento, mas também uma viagem ao coração da própria existência, em que cada passo nos leva mais perto do verdadeiro sentido da vida e de nossa conexão com o todo.

CONQUISTE SEU MERECIMENTO!

Muito se fala atualmente sobre merecimento. O merecimento é a condição que torna alguém digno de receber um prêmio, um castigo ou simplesmente nada. Alguns afirmam que, se você leva uma vida digna, próspera e abundante, é porque merece. Se sua vida é repleta de escassez e sofrimento, então você também tem aquilo que merece. Quando as pessoas falam em merecimento, supomos que existe um juiz, alguém justo e com autoridade para decidir quem merece receber o quê. No entanto, quem é o juiz mais qualificado? Um indivíduo em expansão da consciência compreende que não pode ser o próprio juiz, uma vez que o ego, que julga a si mesmo, não aplicará a justiça de modo imparcial. O fato é que, se existe a tese do merecimento, então deve haver uma lei acima dela; caso contrário, como alguém poderia determinar o que uma pessoa merece?

Uma das passagens mais conhecidas da Bíblia relacionada ao merecimento está em Mateus 5:20, no Sermão da Montanha, quando Jesus diz: "Porque eu vos digo que se a vossa justiça não exceder a *justiça* dos escribas e fariseus, de modo algum entrareis no reino do céu".

Quando falamos em justiça, podemos considerar a justiça dos homens, que se refere às regras e às leis que seguimos para viver em sociedade. Entretanto, Jesus compara a justiça dos homens com a justiça celestial, que é mais profunda, pois envolve conceitos como retidão, consideração, amar e respeitar o próximo, ser compassivo e misericordioso e buscar a verdade.

Essas regras de conduta que Jesus nos oferece são conhecidas pelos cristãos como o Sermão da Montanha, no qual Cristo, o Juiz dos Juízes, nos ensina a valorizar mais as coisas de Deus, pois quem coloca Deus em primeiro lugar não precisa temer o futuro, visto que receberá, por merecimento, o cuidado divino para suprir todas as suas necessidades. Esta é a regra do merecimento mais justa e profunda que conheço, a qual devemos o verdadeiro respeito.

Dito isso, a primeira tarefa de um expandido é a leitura e a meditação do Sermão da Montanha, ministrado por Jesus Cristo e registrado no evangelho de São Mateus, capítulos 5, 6 e 7. Esse exercício deve ser realizado todas as manhãs durante algumas semanas, com o objetivo de internalizar (memorizar) plenamente os ensinamentos que serão fontes de sabedoria e orientação espiritual. Eles devem se tornar o farol que guia as ações e decisões dos expandidos.

Contudo, cabe um alerta importante: não se limite a ser um leitor comum que apenas passa os olhos pelas palavras sem absorver verdadeiramente o conteúdo. Antes de iniciar a leitura, recomendo que você faça três respirações profundas, elevando seus pensamentos e preparando-se internamente. Por se tratar da fala de Cristo, imagine que o próprio Cristo está à sua frente, compartilhando esses ensinamentos sagrados. Essa abordagem respeitosa e meditativa vai ajudá-lo a se conectar verdadeiramente com a essência dessas palavras, permitindo uma compreensão mais profunda e uma aplicação mais eficaz em sua vida, promovendo o verdadeiro renascimento, independentemente de suas crenças religiosas.

JESUS DISCURSA NO SERMÃO DA MONTANHA
(MATEUS 5:1-48)

E vendo as multidões, ele subiu a um monte; e quando ele estava sentado, aproximaram-se dele os seus discípulos.

E ele abrindo a sua boca, ensinava-os, dizendo:

Abençoados são os pobres em espírito, porque deles é o reino do céu.

Abençoados são os que choram, porque eles serão consolados.

Abençoados são os mansos, porque eles herdarão a terra.

Abençoados são os que têm fome e sede de justiça, porque eles serão saciados.

Abençoados são os misericordiosos, porque eles obterão misericórdia.

Abençoados são os puros de coração, porque eles verão a Deus.

Abençoados são os pacificadores, porque eles serão chamados filhos de Deus.

Abençoados são os perseguidos por causa da justiça, porque deles é o reino do céu.

Abençoados sois vós, quando homens vos insultarem e vos perseguirem, e falsamente disserem toda espécie de mal contra vós, por minha causa.

Alegrai-vos e sejam imensamente felizes, porque grande é a vossa recompensa no céu; pois assim perseguiram aos profetas que foram antes de vós.

Vós sois o sal da terra; mas se o sal perder seu sabor, com que se há de salgar? Para nada mais é bom senão para se lançar fora, e ser pisado pelos homens.

Vós sois a luz do mundo; não se pode esconder uma cidade estabelecida sobre um monte; nem se acende a candeia e se coloca debaixo do alqueire, mas sobre um castiçal, e dá luz a todos que estão na casa.

96 EXPANDIDOS

Deixai a vossa luz brilhar diante dos homens, para que vejam as vossas boas obras e glorifiquem a vosso Pai, que está no céu.

Não penseis que eu vim destruir a lei ou os profetas; eu não vim para destruir, mas para cumprir.

Porque na verdade eu vos digo: Até que passem o céu e a terra, um iota ou um traço de letra, não passará da lei, até que tudo seja cumprido.

Portanto, qualquer que quebrar um destes mínimos mandamentos, e assim ensinar aos homens, será chamado o menor no reino do céu; aquele, porém, que os praticar e ensinar, será chamado grande no reino do céu.

Porque eu vos digo que se a vossa justiça não exceder a justiça dos escribas e fariseus, de modo algum entrareis no reino do céu.

Ouvistes o que foi dito pelos antigos: Não assassinarás; mas qualquer que assassinar estará sujeito a julgamento.

Eu, porém, vos digo: Quem quer que, sem motivo, se irar contra seu irmão, estará sujeito a julgamento; e qualquer que disser a seu irmão: Raca!, estará sujeito ao concílio, e qualquer que lhe disser: És tolo!, estará sujeito ao fogo do inferno.

Portanto, se trouxeres a tua oferta ao altar, e ali te lembrares de que teu irmão tem alguma coisa contra ti, deixa ali diante do altar a tua oferta, e segue teu caminho: primeiro reconcilie-te com teu irmão, e então vem, e oferece a tua oferta.

Entra em acordo rapidamente com o teu adversário, enquanto tu estás no caminho com ele, para que não aconteça que o adversário te entregue ao juiz, e o juiz te entregue ao oficial, e tu sejas lançado na prisão.

Na verdade eu te digo que de nenhuma forma sairás de lá enquanto não pagares o último quadrante.

Ouvistes o que foi dito pelos antigos: Não cometerás adultério.

Mas, eu vos digo que qualquer que olhar para uma mulher e cobiçá-la já cometeu adultério com ela em seu coração.

E, se o teu olho direito te ofender, arranca-o e lança-o para longe de ti; pois é melhor perderes um dos teus membros, do que seja todo o teu corpo lançado no inferno.

E, se a tua mão direita te ofender, corta-a, e lança-a para longe de ti, porque é preferível para ti perderes um dos teus membros, do que ser todo o teu corpo lançado no inferno.

Isto foi dito: Quem repudiar sua esposa, dê-lhe carta de divórcio.

Eu, porém, vos digo que todo aquele que repudiar a sua esposa, a não ser por causa de fornicação, a faz cometer adultério, e qualquer que casar com a divorciada comete adultério.

Igualmente, ouvistes o que foi dito pelos antigos: Não jurarás falso, mas cumprirás ao Senhor os teus juramentos.

Eu, porém, vos digo: Não jureis de modo algum; nem pelo céu, porque é o trono de Deus.

Nem pela terra, porque é o escabelo de seus pés; nem por Jerusalém, porque é a cidade do grande Rei.

Nem jurarás pela tua cabeça, porque não podes tornar um cabelo branco ou preto.

Mas seja o vosso falar: Sim, sim; não, não; porque o que passa disto vem do maligno.

Ouvistes que foi dito: Olho por olho, e dente por dente.

Eu, porém, vos digo que não resistais ao mal; mas, se qualquer te bater na face direita, oferece-lhe também a outra.

E, se algum homem te processar na lei, e tomar a tua túnica, permite-lhe levar também a tua capa.

E, quem quer que te obrigar a caminhar uma milha, vai com ele duas.

Dá a quem te pede, e ao que quiser tomar de ti emprestado, não lhe vires as costas.

Ouvistes que foi dito: Amarás o teu próximo, e odiarás o teu inimigo.

Eu, porém, vos digo: Amai os vossos inimigos, abençoai os que vos amaldiçoam, fazei o bem aos que vos odeiam, e orai pelos que vos tratam com maldade, e vos perseguem;

Para que sejais filhos do vosso Pai que está nos céus;

Porque ele faz que o seu sol se levante sobre maus e bons, e faz chover sobre justos e injustos.

Pois, se amardes os que vos amam, que recompensa tereis? Não fazem os publicanos o mesmo?

E, se saudardes somente os vossos irmãos, o que fazeis mais que os outros? Os publicanos não fazem assim?

Sede vós, pois, perfeitos, como é perfeito o vosso Pai que está no céu.

A ORAÇÃO DO JEJUM DE CRISTO
(MATEUS 6:1-34)

Tendo o cuidado de não praticar as vossas esmolas diante dos homens, para serdes vistos por eles; caso contrário, não tereis a recompensa de vosso Pai que está no céu.

Quando, portanto, deres esmola, não toques a trombeta diante de ti, como fazem os hipócritas nas sinagogas e nas ruas, para serem glorificados pelos homens. Em verdade eu vos digo que eles já receberam a sua recompensa.

Mas, quando tu deres esmola, não deixa a tua mão esquerda saber o que faz a tua mão direita.

Para que a tua esmola seja feita em secreto; e teu Pai, que vê em secreto, ele mesmo te recompense publicamente.

E, quando tu orares, não sejas como os hipócritas; pois eles adoram orar em pé nas sinagogas e nas esquinas das ruas, para serem vistos pelos homens. Em verdade eu vos digo que eles já receberam a sua recompensa.

Mas tu, quando orares, entra no teu quarto e, fechando a tua porta, ora a teu Pai que está em secreto; e teu Pai, que vê em secreto, te recompensará publicamente.

Mas, orando, não useis de vãs repetições, como fazem os pagãos, pois pensam que por muito falarem serão ouvidos.

Não vos assemelheis a eles; pois vosso Pai sabe do que tendes necessidade antes de lhe pedirem.

Orai, pois, da seguinte maneira: Pai nosso que estás no céu, santificado seja o teu nome.

Venha o teu reino, seja feita a tua vontade na terra, como é no céu. O pão nosso de cada dia dá-nos hoje.

E perdoa-nos as nossas dívidas, como nós perdoamos aos nossos devedores.

E não nos conduzas à tentação, mas livra-nos do mal; porque teu é o reino, e o poder, e a glória, para sempre. Amém.

Porque, se perdoardes aos homens as suas transgressões, também vosso Pai celeste vos perdoará.

Mas, se não perdoardes aos homens as suas transgressões, também vosso Pai não perdoará as vossas transgressões.

Além disso, quando jejuardes, não sejais como os hipócritas, de semblante triste, porque desfiguram a face, para que aos homens pareça que jejuam. Em verdade eu vos digo que eles já receberam a sua recompensa.

Tu, porém, quando jejuares, unge a tua cabeça e lava a tua face, para não pareceres aos homens que jejuas, mas a teu Pai, que está em secreto; e teu Pai, que vê em secreto, te recompensará publicamente.

Não ajunteis para vós tesouros na terra, onde a traça e a ferrugem os corroem, e onde os ladrões arrombam e roubam.

Mas ajuntai para vós tesouros no céu, onde nem a traça nem a ferrugem corroem, e onde os ladrões não arrombam nem roubam.

Pois onde estiver o vosso tesouro, aí estará também o vosso coração.

A luz do corpo é o olho; portanto, se o teu olho for puro, todo o teu corpo será cheio de luz.

Se, porém, o teu olho for mau, todo o teu corpo será cheio de trevas. Se, portanto, a luz que estiver em ti for trevas, como será grande as trevas!

Nenhum homem pode servir a dois senhores; porque ou há de odiar um e amar o outro, ou se apegará a um e desprezará o outro. Não podeis servir a Deus e a Mamom.

Por isso eu vos digo: Não vos preocupeis pela vossa vida, pelo que haveis de comer ou pelo que haveis de beber; nem quanto ao vosso corpo, pelo que haveis de vestir. Não é a vida mais do que a comida, e o corpo mais do que o vestuário?

Olhai para as aves do céu; pois elas não semeiam, nem colhem, nem ajuntam em celeiros; e vosso Pai celeste as alimenta. Não sois vós muito melhores do que elas?

Mas quem de vós, com suas preocupações, poderá acrescentar um côvado à sua estatura?

E quanto as vestes, por que vos preocupeis? Olhai para os lírios do campo, como eles crescem; não trabalham nem fiam.

E eu vos digo que nem mesmo Salomão, em toda a sua glória, vestiu-se como um deles.

Portanto, se Deus assim veste a grama do campo, que hoje existe, e amanhã é lançada no forno, não vos vestirá muito mais, Oh vós de pequena fé?

Portanto, não fiqueis ansiosos, dizendo: O que comeremos ou o que beberemos, ou com que nos vestiremos?

(Porque todas estas coisas os gentios buscam.) Porquanto vosso Pai celeste sabe que necessitais de todas estas coisas.

Mas buscai primeiro o reino de Deus, e a sua justiça, e todas estas coisas vos serão acrescentadas.

Não fiqueis ansiosos, pois, com o amanhã, porque o amanhã cuidará de si mesmo. Suficiente é ao dia o seu próprio mal.

CRISTO CONDENA OS JUÍZOS TEMERÁRIOS
(MATEUS 7: 1-29)

Não julgueis, para que não sejais julgados.

Porque com o juízo com que julgardes sereis julgados; e com a medida que medirdes vós sereis medidos.

E por que tu observas o cisco que está no olho do teu irmão, e não percebes a viga que está no teu próprio olho?

Ou como dirás a teu irmão: Deixa-me tirar o cisco do teu olho, e, eis uma viga no teu próprio olho?

Hipócrita, tira primeiro a viga do teu olho, e então verás com clareza para tirar o cisco do olho do teu irmão.

Não deis o que é santo aos cães, nem lanceis aos porcos as vossas pérolas, para que não suceda que as pisem com os seus pés, e voltando-se novamente, vos despedacem.

Pedi, e dar-se-vos-á; buscai e encontrareis; batei e abrir-se-vos-á.

Porque aquele que pede, recebe; e o que busca, encontra; e ao que bate, abrir-se-lhe-á.

Ou qual dentre vós é o homem que, se seu filho lhe pedir pão, lhe dará uma pedra?

Ou se lhe pedir peixe, lhe dará uma serpente?

Então se vós, sendo maus, sabeis dar boas dádivas aos vossos filhos, quanto mais vosso Pai, que está no céu, dará coisas boas aos que lhe pedirem?

Portanto, todas as coisas que vós quereis que vos façam os homens, fazei-o também a eles; pois esta é a lei e os profetas.

Entrai pela porta estreita, porque larga é a porta, e amplo é o caminho que conduz à destruição, e muitos são os que entram por ela.

Porque estreita é a porta e apertado é o caminho que conduz à vida, e são poucos os que a encontram.

Cuidado com os falsos profetas, que vêm a vós vestidos como ovelhas, mas, interiormente, são lobos devoradores.

Por seus frutos os conhecereis. Homens colhem uvas dos espinheiros, ou figos dos abrolhos?

Assim, toda a árvore boa produz bons frutos, mas a árvore corrompida produz frutos ruins.

Não pode a árvore boa dar frutos ruins, nem pode a árvore corrompida dar frutos bons.

Toda a árvore que não produz frutos bons corta-se e lança-se no fogo.

Portanto, pelos seus frutos os conhecereis.

Nem todo o que me diz: Senhor, Senhor, entrará no reino do céu, mas aquele que faz a vontade de meu Pai que está no céu.

Muitos me dirão naquele dia: Senhor, Senhor, não profetizamos nós em teu nome? E em teu nome não expulsamos os demônios? E em teu nome não fizemos muitas maravilhas?

E então lhes declararei: Eu nunca vos conheci; apartai-vos de mim, vós trabalhadores da iniquidade.

Todo aquele, pois, que escuta estas minhas palavras e as pratica, assemelhá-lo-ei ao homem sábio, que construiu a sua casa sobre a rocha.

E desceu a chuva, vieram as inundações, e sopraram os ventos e golpearam contra aquela casa, mas ela não caiu, porque estava fundada sobre a rocha.

E aquele que ouve estas minhas palavras e não as pratica, compará-lo-ei ao homem insensato, que edificou a sua casa sobre a areia.

E desceu a chuva, vieram as inundações, e sopraram os ventos e golpearam contra aquela casa, e ela caiu, e grande foi a sua queda.

E aconteceu que, concluindo Jesus este discurso, as pessoas se admiraram da sua doutrina.

Pois ele os ensinava como quem tinha autoridade, e não como os escribas.

Feliz é aquele que ao amanhecer absorve e medita nesses profundos ensinamentos de Cristo. Incorporar esses princípios em nossa vida é um grande passo para nossa transformação pessoal e nos torna exemplo para muitos a nossa volta. Esses ensinamentos sagrados são capazes de promover verdadeiros milagres na vida das pessoas. Por isso, é missão de um expandido assimilar e praticar com coragem ilimitada, mantendo um senso elevado de retidão e moralidade, buscando iluminar não só a si mesmo, mas também aos outros e desenvolvendo uma consciência aguçada para discernir a verdade entre as muitas vozes e opiniões do mundo.

CAPÍTULO 6

O RITUAL DO SOL

" E fez Deus duas grandes luzes;
a luz maior para governar o dia,
e a luz menor para governar a noite;
ele também fez as estrelas."
GÊNESIS 1:16

CHRISTIAN ERA DONO DE UMA PRÓSPERA EMPRESA DE TECNOlogia, vivia uma vida acelerada, repleta de compromissos e desafios diários característicos desse ramo de negócios. No entanto, essa rotina intensa acabou cobrando seu preço. Diagnosticado com síndrome de burnout, ele se viu em um estado de exaustão física e mental, lutando contra uma profunda fadiga, falta de motivação e início de depressão. Por ordem médica, ele teve de se afastar da empresa.

Certo dia, em um momento de introspecção, ele observou seu cachorro saindo de dentro de casa para cumprir um ritual que se repetia todas as manhãs: ia até o quintal e se deitava no chão para receber a luz solar. Então Christian começou a reparar que outros animais faziam a mesma coisa, como os pássaros e os gatos. Ele se lembrou de um artigo que lera sobre os benefícios da luz solar, particularmente na produção de vitamina D e seu papel crucial na melhoria do sistema imunológico. Era a voz da intuição conversando com ele. Inspirado por essa lembrança, ele decidiu experimentar uma nova abordagem para sua recuperação: tomar banho de sol.

Todas as manhãs, ao nascer do sol, ele começou a praticar um ritual simples: saía para o jardim de sua casa e se expunha à luz solar. Ele se concentrava na sensação dos raios solares em sua pele, absorvendo a energia vital e quente do sol. Com os olhos fechados, ele sentia a luz invadir seu corpo, preenchendo o seu interior e renovando-o.

Com o passar dos dias, Christian notou uma mudança significativa. Sua energia retornava gradativamente e a névoa de exaustão começou a se dissipar. Ele percebeu que não estava apenas recuperando-se fisicamente, havia também uma transformação acontecendo em sua mente e espírito. A prática matinal não apenas aliviou sua fadiga, mas também abriu portas para maior consciência de si mesmo e dos detalhes invisíveis do mundo ao seu redor.

À medida que sua saúde melhorava, ele se tornava mais atento e presente em cada momento. Sua perspectiva sobre a vida e o trabalho começou a mudar. Ele percebeu que, além de administrar sua empresa, era fundamental cuidar de si mesmo e, principalmente, conectar-se com o mundo natural.

Esse novo ritual diante do sol se tornou um pilar em sua vida, um momento de cura, reflexão e conexão. Ele aprendeu que o sol da manhã era mais que uma fonte de luz; era um símbolo de renovação e um meio poderoso para alcançar um equilíbrio mais profundo entre o trabalho, o corpo, a mente e o espírito.

Receber os primeiros raios de luz solar pela manhã traz energia vital para o corpo, iluminação para a mente e clareza para os pensamentos e as decisões. Tomar banho de luz com moderação oferece diversos benefícios para a saúde. O mais conhecido é a produção de vitamina D, essencial para ossos fortes, função imunológica e saúde mental. A exposição solar também pode elevar o humor, combatendo a depressão, sobretudo a sazonal, além de ajudar a regular o relógio biológico, melhorando o sono e os ritmos circadianos.

No entanto, quando feita de maneira errada, a exposição excessiva ao sol tem seus riscos, que incluem danos à pele, como queimaduras solares, envelhecimento precoce e aumento significativo no risco de câncer de pele, incluindo melanoma. A exposição prolongada aos raios UV também pode prejudicar os olhos, contribuindo para condições como catarata. Pode causar desidratação e, em casos extremos, insolação, uma condição séria que pode ser fatal.

Os estudos astronômicos oferecem uma perspectiva racional do sol, identificando-o apenas como uma estrela central em nossa galáxia que emite luz e calor essenciais para a existência da vida – mas essa visão não captura a totalidade de seu significado. Ao longo da história, o sol desempenhou um papel crucial em muitas culturas e sistemas de crenças, nas quais frequentemente era associado diretamente à espiritualidade e à expansão da consciência. Portanto, reduzir o sol apenas à função física é ignorar seu impacto profundo e sua presença marcante em inúmeras tradições culturais e religiosas, nas quais, até hoje em muitos lugares, ele é venerado como uma manifestação divina e poderosa.

Por exemplo, no antigo Egito, o deus Sol, Rá, ocupava um lugar central na mitologia e no culto religioso. Representado frequentemente como um disco solar, Rá era considerado uma divindade de imenso poder, associada à criação, à luz e à vida. Essa crença teve um impacto significativo na espiritualidade egípcia, influenciando não apenas os rituais e as práticas de adoração, mas também a arquitetura do período, como a construção de templos dedicados a compreender os ciclos solares.

© Wikimedia commons

Na tradição hindu, o sol é venerado como Surya, uma divindade vista como um símbolo de luz e conhecimento. Para os praticantes de ioga, Surya desempenha um papel significativo: as saudações ao sol, ou Surya Namaskar, são uma prática espiritual que visa não apenas à saúde física, mas também à expansão da consciência e ao cultivo da sabedoria interior.

Já no mundo xamânico, o sol é igualmente reverenciado em diversas culturas. Por exemplo, em algumas tradições nativas americanas, as cerimônias de dança do sol são fundamentais para rituais de cura e busca de visões espirituais. Durante essas cerimônias, os participantes se engajam em jejum e dançam sob o sol, buscando insights profundos e conexões espirituais.

Além disso, na medicina ayurvédica, uma tradição milenar da Índia, o sol é considerado um elemento crucial para a saúde e o bem-estar. A exposição ao sol nas primeiras horas da manhã é vista como forma de equilibrar as energias do corpo e da mente, harmonizando o ser com os ritmos naturais do universo.

Essas tradições refletem a profunda conexão espiritual e cultural que diferentes povos ao redor do mundo estabeleceram com o sol. Ele é visto não apenas como uma fonte de luz física, mas também como um símbolo poderoso de iluminação espiritual, cura e conhecimento.

Sendo assim, você deve realizar uma prática especial com o sol nas primeiras horas da manhã – um período seguro para expor o corpo. Comece silenciando sua mente e realizando três respirações lentas e profundas. A cada expiração, permita que seu corpo relaxe completamente e sua mente fique vazia de pensamentos, prestando atenção apenas no fluxo de ar que entra e sai dos pulmões. Em seguida, feche os olhos e mude o foco da respiração para a energia dos raios do sol que suavemente tocam sua pele. Depois, faça um exercício de imaginação. Visualize essa agradável energia atravessando sua pele e entrando em seu corpo, iluminando os tecidos, os músculos, os ossos e chegando até seu coração, acendendo ali uma linda chama dourada. Permaneça por alguns minutos no momento presente e contemple essa agradável sensação.

Nesse estado de calma e conexão, depois de sentir que a energia concentrada em seu peito pulsa com as batidas do coração, inicie um diálogo interno com o sol. Você pode fazer uma pergunta, tirar dúvidas ou pedir orientação. Ele vai conversar com você energeticamente. Considere também a possibilidade de um ser espiritual utilizar essa energia para transferir a você suas orientações. Todavia, é importante manter sua mente em silêncio e confiar na intuição para separar o que é a voz do ego daquilo que é aprendizado e respostas que o universo vem lhe oferecer.

Fique o tempo que achar necessário. Essa prática não é apenas um momento de relaxamento físico, mas também uma oportunidade para uma comunicação mais profunda com o mundo invisível ao seu redor e um tempo para ouvir e aprender com as forças da natureza.

O objetivo desse ritual é ir além da simples absorção dos raios solares físicos e buscar uma conexão que harmonize nosso ser interior com o ritmo do universo, despertando novas percepções e insights e abrindo caminhos para uma consciência mais expandida e profunda.

O RITUAL DO SOL

Durante um dia típico, enfrentamos diversas situações como trabalho, estudo, reuniões e conversas. Muitas delas têm o potencial de alterar nosso estado físico e mental, provocando um desequilíbrio que pode abrir a porta para doenças. Esses mal-estares muitas vezes começam em nossa forma de pensar e, com o tempo, manifestam-se no físico. Por exemplo, a exposição ao estresse faz com que nosso organismo libere cortisol, comprometendo a imunidade de nosso corpo, tornando-nos vulneráveis a doenças.

Diante disso, entre as diversas maneiras de preservar a saúde e recuperá-la em caso de doença, está a sabedoria em antecipar situações potencialmente estressantes e manter o princípio essencial do equilíbrio. O equilíbrio físico, mental e espiritual é crucial para conservar e restaurar nossa saúde. Nesse contexto, a luz e a energia do sol surgem como poderosas aliadas.

A meditação matinal, como sugerida anteriormente, pode ajudar a manter a mente calma e equilibrada. Após essa primeira meditação, um gesto simbólico e uma afirmação de conexão espiritual com o sol são altamente recomendados. Para isso, erga as mãos na altura do rosto, alinhadas com os ombros e com as palmas viradas para o sol. De olhos fechados e com a mente concentrada no presente, proclame: "Sol espiritual, manifestação do ser divino que reside fora e dentro de mim, agradeço-te pelo restabelecimento de minha saúde, de meu equilíbrio e de minha consciência. Conceda-me tua luz, tua força e teu amor para que eu possa me unir a ti e amar meu próximo como a mim mesmo".

Permaneça com as mãos erguidas e as palmas voltadas para o sol até sentir um formigamento na ponta dos dedos, indicando uma conexão energética. Em seguida, coloque as mãos sobre o coração e sinta a energia irradiando no peito. Quando isso acontecer, declare: "Agradeço-te, meu Deus, por permitir que o sol preencha meu corpo com teu poder. Agora, ofereço-me para utilizá-lo em benefício de meus irmãos".

Agora mantenha sua mente em silêncio e se concentre apenas nas sensações. Sinta essa energia espalhando-se por todo o corpo, iluminando tecidos, músculos, órgãos e ossos e, por fim, chegando ao cérebro, elevando suas intenções e pensamentos. Perceba quanto ela o faz se sentir bem, levando cura física, mental e espiritual para seu ser.

Pratique esse ritual durante três semanas, sempre no mesmo horário, para fixá-lo na memória de longo prazo, treinar sua disciplina, refinar sua concentração. Essa constância também ajudará você a desenvolver a habilidade de silenciar a mente e expandir seu campo magnético, levando uma aura de boas vibrações para os locais que você frequenta.

Essa prática matinal não é apenas um exercício de troca energética; é um ato de restauração da tranquilidade, do equilíbrio, do reconhecimento e da gratidão. Uma maneira de começar o dia alinhado com energias superiores e com a intenção de servir e amar, preparando o expandido para viver com plenitude e consciência.

CAPÍTULO 7
O RITUAL DA RESPIRAÇÃO

> " E o Senhor Deus formou o homem do pó da terra, e soprou nas suas narinas o sopro da vida; e o homem se tornou uma alma vivente."
> **GÊNESIS 2:7**

HÁ ALGUNS ANOS, VIVENCIEI UMA DESCOBERTA SIMPLES, porém transformadora, sobre a respiração e a expansão da consciência. Essa jornada começou em meio à agitação de meu trabalho, com viagens frequentes e palestras constantes, que gradualmente me levaram a um estado de ansiedade crônica, insônia e tensão que às vezes chegava a me causar tremores.

Durante um evento em uma cidade litorânea, João, um dos organizadores e praticante de ioga, me convidou para uma caminhada à beira-mar. Aceitei, buscando um alívio das demandas da vida profissional. Com sua energia suave e um olhar sereno, João percebeu minha inquietação e decidiu compartilhar comigo o segredo e o poder da respiração consciente que ele praticava.

Inicialmente cético, resolvi dar uma chance à sugestão. Passei a praticar exercícios de respiração profunda todas as manhãs e noites, focando em inspirar lentamente e expirar visualizando a liberação de todas as tensões. Para minha surpresa, essa prática trouxe mudanças significativas em minha vida. Minha insônia desapareceu e a ansiedade que me consumia começou a se dissipar, dando lugar a uma calma e um foco renovados. No entanto, a transformação mais extraordinária foi a rápida expansão de minha consciência.

Com a mente mais tranquila, comecei a perceber detalhes da vida que antes ignorava. As cores pareciam mais vivas, os sons mais claros e uma conexão mais profunda com o mundo ao meu redor começou a se formar. Insights profundos sobre minha vida, trabalho, relacionamentos e propósito emergiram dessa nova clareza.

Esse caminho de autoconhecimento e expansão da consciência me incentivou a reavaliar minhas prioridades. Foi então que decidi desacelerar o ritmo do trabalho, dando maior valor aos momentos de paz e conexão com a natureza. Compreendi que a respiração vai além de uma mera função física – é uma ponte para a compreensão mais profunda de nós mesmos e do universo que nos rodeia.

Faça uma experiência: pare por um momento, respire profundamente algumas vezes e sinta quanto respirar é simples e prazeroso. A respiração pode parecer uma experiência simples, mas seus efeitos sobre a mente agitada e o corpo são milagrosos. A respiração também tem um simbolismo muito forte. Quando Deus criou o homem, ele aspirou em suas narinas e assim deu-se o sopro da vida. Que experiência poderia ser maior do que receber o sopro de Deus? Se Deus soprasse agora em suas narinas, você seria impregnado com os átomos dEle. Mas estando aqui, no mundo terreno, o ar que aspiramos vem carregado de átomos "terrenos" com energias de todas as qualidades.

Por exemplo, se uma pessoa depressiva, estressada, desequilibrada ou agressiva respira ao seu lado, ela coloca para fora átomos impregnados com esse tipo de energia. E você, todas as vezes que inspira, está levando não apenas o ar, mas também toda energia do ambiente para dentro de seu corpo.

Quando frequentamos lugares onde a vibração é muito densa, como certos shows musicais, lutas ou estádios de futebol, onde existem milhares de pessoas exalando um ar carregado de fúria, raiva ou frustração (quando seu time perde, por exemplo), aquele ambiente se transforma em um barril de pólvora energético que pode explodir a qualquer momento. Quando a violência explode, ela pode ser praticada por pessoas que, em outro contexto, seriam absolutamente mansas, mas que, por estarem inseridas naquele momento, estão carregadas de energia negativa.

Por isso devemos escolher com inteligência os lugares que frequentamos. O ar que você respira na cidade promove um estado de consciência diferente daquele que você inspira em um bosque, em um lindo jardim ou na igreja. Quem expande a consciência sabe que deve evitar, na medida do possível, lugares onde seu corpo será impregnado de energias que o afastarão das diretrizes apresentadas no **Ritual do Renascimento**.

Deixar de respirar não é uma opção, mas escolher o local que frequentamos é nosso dever. Além disso, quando formos obrigados por qualquer razão a frequentar um local de baixa densidade energética, devemos manter nossos pensamentos elevados para que nossa expiração, carregada de sentimentos de bondade e amor, possa modificar a energia do lugar e das pessoas que ali se encontram.

Há situações curiosas em que a "causa" acontece em um local, mas o "efeito" vai parar dentro de você. Por exemplo, a cozinheira que prepara a refeição que será entregue em sua casa transfere para o alimento a energia que ela está experimentando naquele momento. Quando o entregador leva a refeição até sua casa, ele está trazendo junto um "pacote de energias" que certamente não estava no cardápio. Por isso que um expandido, antes de fazer qualquer refeição, deve dirigir sua mão direita sobre os alimentos, canalizar a luz e a energia que absorveu no **Ritual do Sol**, fazendo uma breve oração, abençoando-os para que qualquer energia negativa seja transmutada, ou seja, pela força de sua prece seja transformada em energia positiva para seu corpo.

A seguir você vai aprender um ritual poderoso, cujo objetivo é ensinar como transformar a respiração concentrada em um escudo de proteção contra energias negativas e também em uma ferramenta de cura e expansão da consciência.

O RITUAL DA RESPIRAÇÃO E O CONTROLE DA ENERGIA VITAL

Prana, na filosofia iogue e em várias tradições espirituais da Índia, é entendido como a energia vital que impregna o universo e todos os seres vivos. Associado à força da vida, o *prana* é considerado essencial para nossa saúde e bem-estar. O *prana* está no ar e quando o inspiramos, ele flui pelo nosso corpo e se concentra em centros específicos de energia, conhecidos como *chakras*.

Os sete *chakras* principais estão localizados ao longo do corpo humano, formando um eixo vertical de energia que parte da base da coluna chegando ao topo da cabeça. Eles começam com o primeiro *chakra*, o *muladhara*, na base da coluna; o segundo, o *svadhisthana*, no abdômen, abaixo do umbigo; o terceiro, o *manipura*, no plexo solar; o quarto, o *anahata*, no coração; o quinto, o *vishuddha*, na garganta; o sexto, o *ajna* ou "terceiro olho", entre as sobrancelhas; e o sétimo, o *sahasrara* ou *chakra* da coroa, no topo da cabeça.

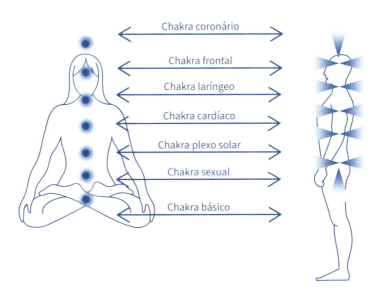

Nas práticas de ioga e meditação, as técnicas de respiração, conhecidas como *pranayama*, são empregadas para controlar e direcionar o fluxo de *prana*. Essas técnicas, além de excelentes exercícios para disciplinar a mente e treinar a concentração, buscam regular a respiração para aumentar e equilibrar energia vital, influenciando positivamente nossa saúde física, mental e espiritual.

Assim, após realizar o **Ritual do Sol** apresentado no capítulo anterior, a prática recomendada agora é a realização de algumas respirações rítmicas, com o objetivo de levar *prana* para cada um dos sete *chakras* principais. Não determinarei um número específico de respirações que devem ser feitas para que sua mente não fique presa a uma contagem. Você é livre para sentir o momento de tirar a atenção de um *chakra* e seguir para o outro.

Portanto, siga os passos a seguir para a prática do **Ritual da Respiração**:

1. Comece concentrando-se em sua respiração, que deve ser lenta e profunda. A cada respiração sinta seu corpo relaxar e sua mente ficar cada vez mais tranquila. Se as narinas estiverem obstruídas, limpe-as com água morna ou soro fisiológico antes de cada exercício.

2. Conforme o ar (*prana*) entra em seus pulmões, assuma o controle e imagine um fluxo de energia vital se formando em sua coluna vertebral e se movendo até chegar ao primeiro *chakra*, ou seja, o *chakra* raiz.

3. Uma vez que a energia chega ao se destino, prenda o ar durante três batimentos e, ao mesmo tempo, sinta três pulsos de energia manifestando-se no *chakra* raiz. Em seguida, exale o ar lentamente. Repita esse processo várias vezes até sentir que a energia pulsante se estabilizou naquele local. Lembre-se: você controla o processo. Quando se sentir satisfeito, passe para o próximo *chakra*.

4. Inspire novamente conduzindo a energia vital para o segundo *chakra*. Uma vez que a energia chega ao segundo destino, prenda o ar durante três batimentos e, ao mesmo tempo, sinta três pulsos de energia manifestando-se. Depois,

exale o ar lentamente e vá subindo, repetindo o processo em cada um dos sete pontos energéticos do corpo até chegar ao *chakra* da coroa.

Você é quem ditará o ritmo desse ritual. Você tem o poder de controlar o fluxo de energia pelo controle de sua respiração. Fazendo isso, você irriga seus vórtices de energia enquanto desenvolve seu estado de presença, ou seja, esse exercício o ajuda a estar totalmente concentrado ao imaginar uma vibração de força pulsando em todos os *chakras*, ao mesmo tempo que sente o equilíbrio e a harmonia tomando todo o seu corpo. Mantenha também o equilíbrio corporal e a coluna ereta ao caminhar e ao se sentar, garantindo que cada vértebra esteja alinhada sem oprimir as outras.

Após os exercícios de respiração, encha um copo de água e o magnetize com suas mãos. Para isso, posicione sua mão direita sobre o copo e faça uma oração do Pai-Nosso, depois agradeça a natureza por contribuir com seu ótimo estado de saúde e, por fim, beba o conteúdo.

Experimente seu novo estado de alegria depois de carregar sua "bateria astral" com o *prana*. Ao sair de casa ou encontrar outras pessoas, por exemplo, deseje-lhes paz e felicidade mentalmente, pratique a compaixão e a caridade a todos que lhe pedirem ajuda.

Os benefícios dessa prática de respiração controlada não apenas distribuem e revitalizam sua energia pelo corpo como também promovem o desenvolvimento de seu poder de concentração, ferramenta essencial em todos os rituais de expansão da consciência que encontraremos neste livro.

CAPÍTULO 8

O RITUAL DE PURIFICAÇÃO DO CORPO

> "Não é o que entra pela boca que contamina o homem, mas o que procede da boca, isso é o que contamina o homem."
> **MATEUS 15:11**

UM EXPANDIDO É RECONHECIDO POR TER UM CORPO SAUdável e uma presença que emana tranquilidade e luz. Essa é a imagem de alguém que sabe cuidar de si mesmo não por vaidade ou ego, mas porque seu estado vibracional naturalmente irradia saúde. Na jornada para a expansão da consciência, é crucial compreender que mente e espírito residem em um templo sagrado: o corpo humano. Este, como uma complexa máquina biológica, requer cuidados e atenção contínua para funcionar em ótimo estado, refletindo não apenas na saúde física, mas também fundamental para a purificação interna e a facilitação da expansão espiritual.

Um desafio contemporâneo é a disciplina em relação à alimentação. Em um mundo de fácil acesso e abundância de alimentos, muitas vezes comemos de maneira desenfreada, como se estivéssemos constantemente famintos, o que nem sempre é verdade. A alimentação, que deveria ser um ato de nutrição consciente, tornou-se para muitos um hobby ou uma atividade passiva. Cozinhas se transformaram em espaços gourmet, e as salas de jantar, em locais onde as pessoas praticamente "engolem" o alimento e mal se conectam ou agradecem pela comida, muitas vezes distraídas com seus smartphones.

Pense por um momento nos próprios horários de refeição e compare-os com um padrão comum na vida contemporânea. Muitas pessoas iniciam o dia com um café da manhã, seguido por um lanche no meio da manhã. O almoço vem acompanhado de uma bebida que pode ser suco ou refrigerante (entre 300 mL e 500 mL) e muitas vezes é finalizado com uma sobremesa. No meio da tarde, um café ou lanche, seguido pelo jantar e, para alguns, ainda há espaço para um doce ou uma xícara de chá antes de dormir.

Esse relato pode refletir a rotina de muitas pessoas, talvez até a sua. O estilo de vida moderno muitas vezes nos conduz a criar um padrão de refeições que pode ser descrito como viciante e destrutivo. Essa frequência constante de alimentação significa que mal terminamos de digerir uma refeição e já estamos engolindo a próxima. Esse ciclo incessante de consumo alimentar pode ser prejudicial, apoiando o ditado que diz "um peixe morre pela boca".

Esse padrão de consumo excessivo e constante, muitas vezes sem a devida atenção à qualidade ou ao propósito da alimentação, sublinha a necessidade de repensarmos nossos hábitos alimentares. É vital considerar não apenas o que comemos, mas também como, quanto e quando comemos, buscando um equilíbrio que respeite as necessidades naturais de nosso corpo e promova a saúde verdadeiramente integral.

Para abraçar plenamente a expansão da consciência, um expandido precisa entender o papel sagrado da alimentação e o impacto em seu ser. Isso implica adotar um novo padrão alimentar, transformando o simples ato de comer em nutrir. Ele deve tratar os alimentos não apenas como combustível, mas com o respeito em saber que eles são (ou foram) seres vivos que agora integramos ao nosso corpo; ter a consciência de que a alimentação não é apenas um meio de sustentar o corpo físico, e sim uma troca de energia entre seres vivos e, portanto, um canal para a espiritualidade. Se nossa alimentação for mal gerida, pode se tornar um obstáculo significativo. Assim, adotar uma abordagem sagrada e respeitosa em relação à alimentação é fundamental, permitindo que ela se torne um veículo para uma conexão mais profunda com o divino.

A PRÁTICA DO JEJUM PARA A PURIFICAÇÃO

Anna Carolina era uma jornalista talentosa, que lutava por anos com a ansiedade crônica causada pela rotina do trabalho em uma grande emissora de televisão. Apesar de ter tentado várias terapias e medicamentos, ela ainda buscava uma solução mais eficaz e natural. Foi então que descobriu o poder do jejum e como ele poderia beneficiar potencialmente sua saúde mental.

Seu médico recomendou fazer uma experiência com o jejum intermitente, um método em que se alternam períodos de jejum com janelas de alimentação, rotina que tem sido associada a vários benefícios para a saúde cerebral. Estudos científicos sugerem que o jejum pode estimular a autofagia celular, um processo de "limpeza" que remove células danificadas e contribui para a saúde cerebral e a neurogênese, o processo pelo qual novos neurônios são formados no cérebro.[13] Essa renovação celular era exatamente do que ela precisava para combater a ansiedade.

Motivada, ela começou a praticar o jejum, escolhendo um método que se encaixava em seu estilo de vida e necessidades.

---

13 CYMBALUK, F. Jejum faz suas células se comerem; e isso te renova, diz Nobel de Medicina. **UOL**, São Paulo, 28 nov. 2016. Disponível em: https://noticias.uol.com.br/saude/ultimas-noticias/redacao/2016/11/28/jejum-ou-corte-radical-de-alimentos-pode-garantir-longevidade.htm. Acesso em: 24 jan. 2024.

Surpreendentemente, após algumas semanas, Anna começou a notar uma mudança significativa em sua saúde mental. Ela sentiu uma redução nos níveis de ansiedade e um aumento na calma, no autocontrole e na clareza mental.

A ciência por trás da melhoria de Anna é fascinante. Durante o jejum, nosso corpo reduz os níveis de insulina e aumenta os níveis de neurotransmissores como o BDNF (fator neurotrófico derivado do cérebro), que desempenha um papel crucial na saúde cerebral e na resiliência mental. O jejum intermitente também pode melhorar o humor e proporcionar uma sensação de bem-estar geral, ou seja, ele não só cuida do corpo, mas também da mente. O caso de Anna é um exemplo de como práticas antigas podem ser apoiadas pela ciência moderna para trazer benefícios reais à saúde mental.

Jejuar, ou seja, a prática de se abster de alimentos por um período determinado, tem sido um ato sagrado e uma ferramenta de purificação para a humanidade há mais de 5 mil anos. No Novo Testamento, ao dizer "não é o que entra pela boca que contamina o homem; mas o que procede da boca..." (Mateus 15:11) Jesus enfatizava o jejum como meio de expulsar demônios do corpo, sublinhando seu papel na purificação espiritual. Nos tempos modernos, apesar de muitos adotarem o jejum por motivos estéticos ou para desintoxicação pós-excessos, existem pessoas que compreendem e praticam o jejum como um exercício espiritual profundo, que visa disciplinar o corpo e a mente, promovendo a purificação e o autoconhecimento, sobretudo quando associado à meditação.

A abstenção de alimentos não é apenas uma prática física, ela está frequentemente ligada à limpeza da mente e do corpo, criando um estado mais receptivo para experiências espirituais e para a expansão da consciência. Durante o jejum, é comum a pessoa confrontar pensamentos, processar emoções e desejos profundos, o que pode levar a um autoconhecimento intenso capaz de promover a cura física e emocional.

Além disso, o jejum é um exercício excelente de disciplina e autocontrole. Ao restringir conscientemente a ingestão de alimentos e às vezes até de bebidas, você desenvolve maior força de vontade e autodomínio, qualidades altamente valorizadas em diversas áreas da vida. Entretanto, é importante destacar que a decisão de jejuar não deve ser ditada por caprichos ou conveniências externas, como "vou me acabar este final de semana e começarei o jejum na segunda-feira". Ao contrário, deve ser um ato movido pela intuição, pelo coração e pela alma, como forma de honrar a Deus. Mesmo que o jejum tenha um objetivo estético, oferecê-lo primeiro a Deus pode proporcionar uma expansão da consciência e abrir caminho para experiências e realizações milagrosas.

O ALIMENTO É UM SER VIVO

Quando um expandido lava as mãos para manipular e abençoar os alimentos, ele realiza também um gesto de profundo respeito e gratidão ao corpo e à natureza. Ao reconhecer que muitos alimentos que consumimos, como frutas, grãos, verduras e legumes, são ou foram seres vivos, é essencial abordar a alimentação com uma consciência sagrada. Por exemplo, as toneladas de frutas descartadas todos os dias nos lixos dos centros de distribuição ou as sementes que você joga no lixo da pia, se deixadas na terra, se transformariam com as condições necessárias em uma nova árvore em pouco tempo, simbolizando o ciclo contínuo da vida e a energia que todos os alimentos carregam.

Essa compreensão nos lembra que os alimentos são impregnados de energia vital e que cada item alimentar que consumimos já teve uma existência vibrante. Portanto, antes de comer, é crucial expressar nosso respeito e gratidão pelos alimentos, mesmo que apenas mentalmente, e consumi-los apenas quando há uma fome real, abandonando com consciência a ideia de que devemos comer tudo a toda hora. A quantidade de alimento ingerido deve ser suficiente para a nutrição adequada do corpo, evitando a alimentação por hábito ou compulsão.

Os povos indígenas exemplificam bem o uso sagrado dos alimentos. Eles carregam a sabedoria milenar de viver em harmonia com a natureza, extraindo da mata apenas o necessário para a nutrição, sem fazer estoque.

Quando falamos de alimentos, não me refiro apenas ao que é colocado no prato. Um expandido também entende que água

120 EXPANDIDOS

(hidratação), sol (radiação) e ar (respiração) são, como já vimos, igualmente sagrados e essenciais para o corpo – e que se tornam ainda mais poderosos quando abençoados por uma oração feita com fé. Muitos enfermos encontram a cura e o conforto ao ingerir um copo de água que foi abençoada.

Portanto, não é radicalismo trazermos à consciência a forma exagerada como nos alimentamos. É importante mudarmos nossa percepção sobre os alimentos, vendo-os não apenas como fontes de sustento físico, mas também como elementos vitais para apoiar a energia espiritual. Essa mudança de perspectiva transforma a alimentação em um ato de nutrição holística, criando a integração necessária entre corpo, mente e espírito.

ALIMENTOS QUE AJUDAM NA EXPANSÃO DA CONSCIÊNCIA

O fascinante livro *Zonas azuis*, de Dan Buettner em colaboração com o National Geographic e uma equipe de especialistas,[14] desvendou um dos maiores mistérios do envelhecimento humano. Por meio de um meticuloso mapeamento e pesquisa, Buettner identificou regiões do mundo onde as pessoas não apenas vivem mais, mas também levam vidas mais saudáveis e felizes. Essas regiões foram apelidadas de zonas azuis.

Em Okinawa, Japão, a velhice é celebrada e a longevidade é comum. A dieta local, rica em verduras, legumes, tofu e batata-doce, com a prática do *hara hachi bu* – o comer até estar 80% satisfeito –, contribui para a notável saúde da população. Em Sardenha, Itália, mais especificamente na região montanhosa da Barbagia, Buettner encontrou uma alta concentração de centenários masculinos. O segredo? Uma combinação de trabalho físico, dieta mediterrânea rica em legumes, grãos integrais e consumo moderado de vinho, rico em antioxidantes. Do outro lado do mundo, em Loma Linda, Califórnia, uma

---

14 BUETTNER, D. **Zonas azuis**: a solução para comer e viver como os povos mais saudáveis do planeta. São Paulo: nVersos Editora, 2018.

comunidade de adventistas do Sétimo Dia se destaca. Nela, o foco é uma dieta vegetariana, rica em frutas, verduras, legumes, nozes e grãos, complementada com forte ênfase na espiritualidade e nos laços comunitários. Na Península de Nicoya, na Costa Rica, a "água dura" rica em cálcio, uma dieta baseada em feijão, milho e abóbora e uma forte estrutura familiar sustentam a vida longa e saudável de seus habitantes. E finalmente, em Ikaria, Grécia, uma ilha quase esquecida no Mar Egeu, a população local desfruta de baixas taxas de doenças crônicas. A chave para sua longevidade? Uma dieta rica em verduras, legumes, frutas, leguminosas e peixes, além de um estilo de vida que promove a atividade física diária e o estresse reduzido.

As zonas azuis, no fim, são mais que apenas lugares: elas são um testemunho de um estilo de vida, revelando que a longevidade é alcançada por meio da integração de uma dieta saudável, atividade física regular, fortes vínculos sociais, espiritualidade e senso de propósito.

Para você que busca a expansão da consciência, a alimentação saudável é mais que suficiente como base dietética. A dieta mediterrânea é um exemplo notável de sistema alimentar que nutre nosso corpo de maneira saudável. Ela é reconhecida pelo foco em alimentos frescos, naturais e minimamente processados. Rica em frutas, verduras, legumes, grãos integrais, proteínas magras e gorduras saudáveis, como o azeite de oliva, a dieta mediterrânea não só fornece nutrientes essenciais, mas também é conhecida pelos seus benefícios à saúde.

Pesquisas científicas consistentemente apontam os benefícios dessa abordagem alimentar para a saúde do coração, a função cerebral e a longevidade.[15] Os ácidos graxos saudáveis encontrados no azeite de oliva, por exemplo, protegem o coração e o cérebro, além de oferecerem uma resposta anti-inflamatória. A riqueza em verduras, legumes e frutas frescas também contribui para a prevenção de doenças crônicas e fortalece o sistema imunológico.

Ao mesmo tempo, é altamente recomendado limitar o consumo de carne vermelha e processada, como salsicha, presunto e bacon,

---

15 CARPER, J. **100 dicas simples para prevenir o Alzheimer**. Rio de Janeiro: Sextante, 2015.

que deve ser consumida em quantidades limitadas pelo alto teor de gorduras saturadas, conservantes e sal. Alimentos altamente processados, como o fast-food, *snacks* industrializados e produtos com açúcares refinados (por exemplo, refrigerantes e doces), também devem ser eliminados da dieta, pois, além de inflamatórios, prejudicam a capacidade de concentração. Além disso, é aconselhável limitar a ingestão de laticínios com alto teor de gordura e evitar o consumo excessivo de álcool.

Além da alimentação, a purificação do corpo inclui a manutenção de um estilo de vida equilibrado e saudável. A prática regular de atividade física é essencial para manter o corpo forte e flexível, com atenção especial às pernas, fundamentais para a mobilidade na idade avançada.

Ao estar plenamente consciente de sua nutrição e adotar práticas saudáveis de cuidado com o corpo, você estabelece uma base sólida para a expansão de sua consciência. Essa jornada é tanto física quanto mental, envolvendo o ser por completo.

O RITUAL DE ALIMENTAÇÃO

Como vimos, nutrir-se é um ato que transcende a mera ingestão de comida; é uma prática sagrada feita em um momento que também deve ser considerado sagrado diante de todos os benefícios que a boa nutrição pode nos trazer. Portanto, reforço que antes de cada refeição é essencial lavar bem as mãos. Essa ação não se limita à limpeza física, mas é também um ritual de purificação, que prepara as mãos para abençoar os alimentos com sua energia purificadora.

Para abençoar os alimentos, estenda suas mãos sobre eles na mesa e, com uma oração sincera emanada do coração, consagre-os. Essa bênção visa transmutar ou afastar os átomos com energias ruins, além de ajudar a neutralizar possíveis efeitos nocivos de componentes usados na produção dos alimentos, bem como as energias residuais dos trabalhadores e os ambientes pelos quais os alimentos passaram durante o transporte.

A bênção pode ser feita com a mão direita, fazendo o sinal da cruz sobre os alimentos, acompanhada de uma oração simples, como: "Em nome de Deus, eu vos abençoo, criaturas de Deus, para que satisfaçais as necessidades daqueles que vos tomarem por alimento. Desejo de todo o meu coração que todo faminto tenha o que comer. Assim seja".

Essa prática de abençoar os alimentos antes de consumi-los é um ato de gratidão e respeito, reconhecendo a sacralidade da comida e a interconexão de todas as coisas. Ao levar os alimentos à boca, lembre-se de estar totalmente presente, acompanhando mentalmente todo o ato. Deixe seu telefone e outros compromissos para depois. E se tiver com outras pessoas, aproveite este momento de conexão e compartilhe com elas algum assunto agradável que eleve a energia daquele lugar naquele momento. Evite assuntos negativos, como notícias ruins e fofocas, e se concentre na expansão que obtemos quando nosso foco está orientado para as coisas de Deus.

CAPÍTULO 9
O RITUAL DE CONCENTRAÇÃO

> " Mas tu, quando orares, entra no teu aposento e, fechando a tua porta, ora a teu Pai que está em secreto; e teu Pai, que vê em secreto, te recompensará publicamente."
> **MATEUS 6:6**

EU ME ENCONTRAVA EM UM MOMENTO CRUCIAL DA MINHA vida, diante de uma decisão importante de mudança de carreira profissional. Minha mente, no entanto, estava um turbilhão, repleta de pensamentos desconexos e desorganizados que me impediam de ver com clareza a melhor opção para não errar. Eram preocupações, dúvidas, medos e esperanças, todos competindo por um pouco da minha atenção, tornando quase impossível focar o que realmente importava.

Foi nesse estado de confusão que resolvi parar o que estava fazendo, procurar um lugar tranquilo para aplicar uma técnica de meditação transcendental e respiração para silenciar a mente que aprendi em meus estudos de parapsicologia. A meditação era poderosa; implicava focar a respiração, permitindo que cada inspiração e expiração guiassem minha mente para um estado de calma. No início, foi um desafio. Meus pensamentos continuavam a invadir, mas, com persistência, comecei a sentir uma mudança. Era como se cada respiração ajudasse a dissipar um pouco mais da névoa em minha cabeça.

Em poucos minutos, minha mente, que antes parecia um mar agitado de ondas e correntezas, naquela ocasião se assemelhava a um lago tranquilo, daqueles que a gente consegue ver claramente o reflexo do céu. Naquele momento, eu observava meus pensamentos sem me apegar a eles e podia acalmar aqueles que eram perturbadores e aprender com os que eram úteis.

Essa habilidade de silenciar e organizar a mente por meio da meditação não só me ajudou a tomar a decisão certa com clareza e confiança como também abriu as portas para uma expansão de minha consciência. A meditação me ensinou a encontrar paz em meio ao caos e a sabedoria em meio à incerteza.

Como já expliquei anteriormente, dentro de cada um de nós existe um reino extraordinário. Um santuário sagrado e encantado, livre de sofrimento, julgamento, falsidade, ódio e inveja. Nesse reino habita o amor e você é o personagem central, banhado pela mais intensa energia amorosa que se pode experimentar neste mundo.

A chave para acessar esse reino é o poder da concentração. Ela é a ponte que conduzirá você a sair de uma existência ancorada nos cinco sentidos convencionais para uma conexão com experiências mais profundas e potentes, ainda adormecidas para a maioria das pessoas.

Essa concentração é a habilidade de afastar da mente pensamentos dispersos, diálogos internos, memórias persistentes, refrões de músicas que ecoam sem fim e sensações corporais – obstáculos que barram o caminho em sua jornada de transformação. Ao superá-los, é possível que o silêncio interior prevaleça.

E é nesse silêncio que a magia se manifesta. O expandido, então, redireciona toda sua atenção para o reino interior que reside em cada um de nós, desencadeando um processo transformador.

126   EXPANDIDOS

Em um estado de profunda conexão com o eu interior, o ser humano pode experimentar a sintonia com o ritmo cardíaco, o verdadeiro compasso da vida. Sente o fluxo sanguíneo percorrendo diversas regiões do corpo, transportando energia, oxigênio e átomos luminosos que acariciam a pele. Ao fechar os olhos e relaxá-los, revela-se nada menos que o universo atrás das pálpebras, revelando a entrada para a terceira visão. Essa visão, que se desenvolve por meio de concentração, amor e humildade, manifesta-se primeiro em forma de círculos de energia com variadas cores que surgem pulsando, simbolizando o terceiro olho ainda fechado, mas em um estado de repouso que aguarda para ser ativado e aberto conforme o merecimento.

No silêncio da mente, surge também um discreto zumbido, como se brotasse do centro da cabeça, irradiando-se para os ouvidos. Trata-se da clariaudiência também em estado de repouso, uma capacidade além do comum, que permite ouvir sons que transcendem as limitações auditivas habituais. Essa habilidade é como se afinar a uma frequência que está além do alcance normal dos ouvidos, muitas vezes associada à intuição ou à comunicação com o espiritual. Em seu estado dormente, pode se manifestar como um zumbido suave ou agudo, contínuo ou intermitente, variando conforme a mensagem que a intuição ou o espiritual deseja transmitir.

Cada uma das experiências descritas anteriormente, ou seja, a respiração, a energia do sol, o ato de nutrir-se, os *flashs* de energia que surgem quando fechamos as pálpebras ou o zumbido interno, pode se transformar em um "ponto de concentração" para o expandido fixar sua mente. Esses pontos tornam-se focos essenciais para quem busca se conectar com o plano astral, com o *eu superior*, com o conhecimento universal ou com a intuição. São neles que devemos nos concentrar a maior parte do tempo para amplificar seu alcance.

O fascinante é que não são necessários exercícios complexos para acessá-los. Basta se desligar do mundo externo e se voltar para dentro, de maneira semelhante a acender a luz de um cômodo e depois fechar a porta para desfrutar de um momento de paz. Quanto mais ágil você se fechar para o mundo exterior e se concentrar nesses pontos, mais intensa será sua conexão com o mundo invisível e seus inestimáveis benefícios.

O RITUAL DE CONCENTRAÇÃO

Para alcançar tal domínio, contudo, é necessário adotar uma postura de disciplina. A primeira e mais crucial regra é aprender a silenciar a mente. Esse passo inicial é a chave para desbloquear um universo de possibilidades internas, permitindo um alinhamento mais profundo com as dimensões ocultas do ser.

A ARTE DE SILENCIAR A MENTE

É comum ocorrer uma confusão entre os termos "foco" e "concentração", muitos utilizam-os de maneira equivocada. Compreender a diferença entre esses conceitos é o primeiro passo para aplicá-los corretamente na vida e nas práticas diárias.

Foco está relacionado a uma meta, um alvo ou um objetivo que alguém deseja alcançar. É o resultado final que buscamos quando desejamos realizar um sonho. Por exemplo, a expansão da consciência ou uma vida mais equilibrada é nosso foco ou o resultado que desejamos atingir.

Por outro lado, concentração se refere ao ato de convergir toda a atenção para um único ponto ou alvo. Pode ser um objeto externo, uma sensação corporal, um pensamento específico ou até mesmo a ausência de pensamento. A concentração é o meio pelo qual canalizamos nossa energia mental e direcionamos nossa atenção, independentemente das distrações ao redor. Portanto, quando alguém diz "não tenho foco na leitura", o mais apropriado seria "não tenho concentração na leitura, portanto não consigo atingir minha meta (foco), que é a conclusão do livro". Nesse contexto, terminar o livro é o objetivo (foco), e a energia mental de manter a atenção no texto é a concentração.

Foco, portanto, é o que estamos buscando, e concentração é o caminho que nos leva até lá. Assim, ao trabalhar nossa capacidade de concentração, estamos fortalecendo o meio pelo qual atingimos nossos objetivos e metas (foco).

Para um expandido, compreender e dominar a arte da concentração é um dos desafios mais significativos no caminho de desenvolvimento. A concentração não é apenas uma habilidade útil; é indispensável para realizar práticas mais avançadas, como os exercícios de respiração e manipulação energética que serão explorados posteriormente.

128   EXPANDIDOS

O primeiro passo para melhorar a concentração é comportamental, ou seja, é valorizar e decidir conscientemente ser uma pessoa concentrada. A concentração, afinal, é uma escolha, uma decisão que tomamos. Por exemplo, pense em como você pode, neste exato momento, focar sua atenção na orelha direita. Provavelmente, ao ler isso, você já direcionou sua atenção para ela, não é verdade? Mesmo que por alguns segundos, você escolheu fazer isso.

Esse simples exercício ilustra a natureza intencional da concentração, a qual não é um atributo inato ou exclusivo de algumas pessoas; é uma habilidade que pode ser desenvolvida e aprimorada com prática e intenção. Ao fazer a escolha consciente de se concentrar e praticar regularmente, você fortalece essa habilidade, preparando-se para práticas espirituais mais profundas e complexas.

Em 1890, o renomado psicólogo William James proferiu uma frase que até hoje ressoa em sua simplicidade e profundidade: "A atenção é seletiva e sustentada".[16] Essa declaração encapsula duas facetas fundamentais da atenção. Primeiro, seletiva significa que é uma ação sob nosso controle, uma escolha consciente. Podemos direcionar nossa atenção para o que desejamos, como o ler este livro. Até mesmo uma pessoa com Transtorno do Déficit de Atenção e Hiperatividade (TDAH) tem a capacidade de escolher em que se concentrar. Para essas pessoas, olhar para dentro focando os pontos de concentração pode ser um excelente exercício para acalmar e controlar a mente.

A segunda faceta, o de ser sustentada, representa o desafio maior para qualquer praticante. Manter a mente focada no objeto selecionado é uma habilidade treinável, mas requer um esforço contínuo e disciplinado, pois está relacionada ao tempo que o praticante conseguirá ficar concentrado. Seja na leitura de um livro, na concentração na orelha direita ou no acompanhamento do fluxo de energia que emana do centro de sua testa, a capacidade de sustentar essa atenção é onde muitos encontram seu maior desafio. É nesse

---

16 CARDILLO, J. **Concentração**: o segredo das pessoas produtivas. São Paulo: Gente, 2011.

ponto que se revela a diferença entre a pessoa determinada e o adulto mimado que desiste diante do primeiro obstáculo.

O Sermão da Montanha, proferido por Jesus, é mais que um conjunto de ensinamentos; é um método profundo de purificação espiritual. A habilidade de nos concentrarmos nessa missão, sem nos desviarmos, é o que determina nossa capacidade de concentração. O verdadeiro "troféu de merecimento" é concedido àqueles que conseguem se manter concentrados, resistindo firmemente aos assédios (tentações) e distrações do mundo, que constantemente nos testam com suas provações.

Para um praticante comprometido com a expansão da consciência, torna-se essencial ser perito em identificar e manejar situações com potencial para desviar a atenção, sobretudo quando estiver "do lado de dentro" voltado para os "pontos de concentração" e deles extraindo conhecimento. O mundo exterior está repleto de armadilhas que podem facilmente nos tirar do caminho, mas o verdadeiro desafio e mérito estão em manter a disciplina e o foco no caminho espiritual, independentemente das distrações externas.

FOCO E DISCIPLINA PARA SE CONCENTRAR

O praticante também deve desenvolver a disciplina para enfrentar e superar os desafios no caminho da expansão da consciência. Em meu livro *O cérebro com foco e disciplina*,[17] defino "disciplina" como a capacidade de fazer o que precisa ser feito, da maneira certa, custe o que custar. Essa definição encapsula três elementos fundamentais na jornada do praticante.

Primeiramente, "fazer o que precisa ser feito" se refere à ação escolhida, à decisão tomada e ao objetivo almejado, que nesse caso é a expansão da consciência. É a habilidade de se manter alinhado com a meta, mesmo diante de obstáculos e distrações.

---

17 ALVES, R. **O cérebro com foco e disciplina**: transforme seu cotidiano com mais produtividade e desenvolva o autocontrole para resultados extraordinários. São Paulo: Gente, 2014.

Em segundo lugar, "do jeito certo" se relaciona com o método utilizado para alcançar tal objetivo. Há várias rotas que levam ao mesmo destino, mas nem todas são igualmente eficazes. O praticante deve, portanto, experimentar diferentes caminhos e escolher aquele que o conduzirá de maneira mais eficiente e segura. O método que eu sempre recomendo àqueles que me perguntam é de acender a luz, fechar a porta e entrar no reino interno, para isso não é necessário treinamento, mas ação e sustentação.

E em terceiro, "custe o que custar" fala sobre a disposição para pagar o preço necessário para atingir o resultado desejado. Essa parte da definição reconhece que conquistas significativas frequentemente exigem sacrifícios e esforços consideráveis.

Com mais de 25 anos dedicados ao estudo da mente humana, posso afirmar que o treino da concentração é uma das habilidades mais desafiadoras de adquirir. No entanto, é também a base que permite alcançar qualquer objetivo. Desenvolver a disciplina para manter a concentração, apesar dos desafios, não só é crucial para a expansão da consciência, mas também é um pilar fundamental para o sucesso em qualquer área da vida.

Para desenvolver a concentração efetivamente, é importante realizar duas formas de limpeza: do ambiente externo e do ambiente interno (a mente). Ambas são essenciais para facilitar a prática de exercícios e meditações voltadas para a expansão.

a) Ambiente externo: o local escolhido para praticar o exercício de focar os pontos de concentração deve ser, na medida do possível, um espaço silencioso e livre de interrupções. Um ambiente tranquilo e harmonioso não apenas facilita a concentração, também ajuda a criar uma atmosfera propícia para a conexão com os insights que surgirão durante a prática.

b) Ambiente interno (a mente): geralmente, nossa mente está repleta de pensamentos, ansiedade e pressa, interrompendo nossos exercícios de concentração com pensamentos aleatórios e distrações. Portanto, dedicaremos tempo para aprender técnicas eficazes de limpeza mental, a fim de alcançar um estado propício para a expansão e a calma interior.

LIMPANDO A MENTE: DESBLOQUEANDO A EXPANSÃO DA CONSCIÊNCIA

Ao expandir a consciência, você ganha acesso a um universo que antes lhe era completamente desconhecido. Como já exploramos, um dos resultados mais valiosos da expansão da consciência é a habilidade aprimorada de ouvir a voz da intuição, receber insights poderosos diretamente da fonte do conhecimento universal e adentrar o campo da espiritualidade. Ao voltar sua atenção para os pontos de concentração, você consegue com o passar do tempo sentir arrepios em pleno calor, identificar toques sutis em áreas do corpo, perceber a presença energética de ancestrais e mentores espirituais, ouvir seus conselhos ou reconhecer os eventos de sincronicidade, distinguindo-os das meras coincidências da vida.

Se você se pergunta se é possível ouvir ou ver o próprio anjo, a resposta é "sim". Eu mesmo já passei por essa experiência como descrevi na introdução deste livro. As tradições antigas fornecem um caminho. Elas ensinam que o encontro com os anjos é facilitado pela prática da justiça e pela manutenção da bondade em nossos hábitos e comportamentos. Essa abordagem não é apenas uma questão de seguir regras morais externas, mas de cultivar uma pureza interna e uma sinceridade de coração. Ao agir assim, ele se manifestará em meio ao suave zumbido dos ouvidos ou você o verá nitidamente de olhos abertos ou ao fechar as pálpebras e abrir sua terceira visão.

Ao viver uma vida justa e manter hábitos puros, mudamos nossa energia e criamos um ambiente propício para que nosso anjo possa se revelar a nós. Ele não é apenas uma figura de proteção, mas um guia espiritual que pode oferecer premonições sobre coisas que desconhecemos, aconselhar-nos em momentos de indecisão, auxiliar-nos em situações de perigo e oferecer suporte em tempos de adversidade.

Contudo, surge uma questão crucial: onde e como essas ricas informações se manifestam dentro ou fora de nós? Como podemos reconhecê-las e interpretá-las corretamente? Como foi dito, o caminho mais eficaz é se voltar para dentro e utilizar os pontos de concentração que serão ativados em um piscar de olhos, basta você desejar. Em outras palavras, é necessário "limpar o terreno mental" para que o mundo oculto se manifeste. Lembre-se: o Espírito Santo não tem espaço em uma mente que está cheia de si. Portanto, esse processo envolve acalmar o incessante fluxo de pensamentos e ruídos internos, criando um espaço tranquilo e receptivo no qual essas percepções espirituais podem ser percebidas e compreendidas com mais clareza.

A limpeza mental com foco em expandir a concentração requer basicamente fazer um exercício de observação, no qual você deve criar o hábito de olhar para dentro e identificar os padrões de pensamentos negativos, crenças limitantes e emoções não processadas que podem estar atrapalhando seu crescimento interior. Esses pontos de bloqueio muitas vezes se manifestam como autocrítica, medo, ansiedade, dúvida e outros estados emocionais que nos impedem de desenvolver nosso potencial completo.

Uma estratégia eficaz para mapear bloqueios mentais e emocionais é a prática do metapensamento, que envolve ir além dos pensamentos habituais para uma auto-observação consciente e profunda. Essa técnica consiste em observar os próprios pensamentos, emoções e reações de uma perspectiva neutra, como se você se elevasse acima do próprio ser e se tornasse um observador imparcial, um telespectador com poder de julgamento.

Nesse processo de introspecção, é crucial fazer perguntas introspectivas como: "Quais são os pensamentos que estão me impedindo de avançar? Quais crenças limitantes estou mantendo?".

Ao identificar esses padrões, você pode começar a questionar sua validade e utilidade. Esse processo de questionamento e da autoanálise é um passo fundamental para limpar a mente e abrir caminho para a expansão.

Portanto, o metapensamento não é apenas uma ferramenta para o autoconhecimento, mas também um meio poderoso para a transformação de sua mente.

Para desenvolver a habilidade de metapensamento e promover uma limpeza mental eficaz, é útil praticar algumas técnicas simples. Vou descrever algumas delas a seguir para ajudar você a alcançar os benefícios de olhar introspectivamente para seus pensamentos.

TÉCNICA PARA CLAREZA MENTAL

Nomeie e libere pensamentos: reserve um tempo diariamente para a prática da meditação. Durante essa prática, observe seus pensamentos à medida que surgem. Dê um nome a cada pensamento, como "preocupação com o trabalho" ou "planejamento do dia". Em seguida, imaginem-nos como nuvens que passam no céu de sua mente. Conforme cada nuvem passa, deixe-a ir e foque a respiração, os batimentos do coração, o círculo de energia atrás de suas pálpebras ou busque o suave zumbido interno. Isso ajuda a clarear a mente e se desvincular dos pensamentos, criando espaço para o poderoso silêncio mental.

TÉCNICA PARA REDUÇÃO DO ESTRESSE

Respiração consciente: quando sentir ansiedade ou estresse, encontre um local tranquilo. Sente-se confortavelmente e feche os olhos. Concentre-se na respiração ou atrás das pálpebras dos olhos. Não é necessário elevar os olhos, basta olhar para elas. Inspire profundamente, contando até quatro, segure a respiração por mais quatro segundos e expire lentamente em contagem de quatro. Repita esse exercício várias vezes. À medida que se concentra na respiração e na visualização de suas pálpebras, você reduzirá o estresse e a ansiedade associados aos pensamentos perturbadores.

Se sua rotina for muito estressante, incorpore também práticas de autocuidado. Pode ser um passeio ao ar livre, uma sessão de ioga, um banho relaxante ou ler um bom livro. Essas atividades também ajudam a reduzir o estresse e a manter uma mente mais tranquila. Por exemplo, você pode reservar trinta minutos todas as manhãs para fazer uma caminhada ao ar livre, focando a natureza ao seu redor e deixando de lado os pensamentos negativos.

TÉCNICA PARA AUTODESCOBERTA

Diário de pensamentos: transforme-se em um explorador de seu universo interior anotando tudo o que você pensa. Este não é um diário comum, mas um espaço sagrado para registrar suas reflexões, ideias e questionamentos. Regularmente, dedique um tempo para anotar seus pensamentos, principalmente aqueles que o intrigam ou que insistem em visitar sua mente.

Esse exercício não é apenas sobre colocar pensamentos no papel, mas sobre observar a si mesmo com olhos de pesquisador. Conforme você revisita suas anotações ao longo do tempo, um mapa se revela. Nesse mapa estão os padrões, as preocupações recorrentes e os desejos que residem no fundo de sua alma. É uma oportunidade de ouro para a autodescoberta.

Além disso, ao confrontar e refletir sobre o que pensa, você tem a chance de resolver questões internas que talvez estivessem escondidas ou ignoradas. Essa prática proporciona uma limpeza mental, liberando espaço para seus novos sentidos.

TÉCNICA PARA MAIOR RESILIÊNCIA

Afirmações positivas: crie um arsenal de afirmações positivas para usar como escudo contra os pensamentos negativos. O objetivo aqui é sutil, mas profundo. Não se trata apenas de substituir um pensamento por outro, mas promover um equilíbrio tal que os pensamentos conflitantes se neutralizem. Por exemplo, se um pensamento frequente é "não sou bom o suficiente", confronte-o com "eu sou valioso e capaz". Essa prática não só desfaz o pensamento negativo como também pavimenta o caminho para a paz mental, em que ambos os pensamentos se dissipam.

Repetir essas afirmações diariamente é uma prática de fortalecimento. Ela atua como um exercício para a mente, construindo resiliência emocional e substituindo padrões de pensamentos negativos por uma perspectiva mais positiva e construtiva. Encare essas afirmações como mantras pessoais, capazes de remodelar sua visão de mundo e fortalecer seu estado mental.

SINAIS DE EXPANSÃO DA CONSCIÊNCIA

Ao liberar sua mente dos entulhos mentais, você não está apenas desbloqueando seu poder de realização em todos os sentidos, mas está, de fato, abrindo as portas para uma jornada de autodescoberta que se desdobra em expansão da consciência. Essa jornada interior conduz ao encontro de experiências mais sutis e poderosas.

A concentração é uma escolha voluntária, e a habilidade de se concentrar facilmente é um indicativo poderoso de que sua consciência está se expandindo. Um sinal claro desse avanço é a facilidade e a rapidez com que você consegue atingir o silêncio mental, um estado necessário para uma profunda conexão interior. Experimente dar um comando mental para silenciar sua mente e observe a quietude se estabelecer quase instantaneamente. O verdadeiro desafio para o praticante será sustentar esse silêncio. E isso requer prática!

Se você alcançou esse estágio com facilidade, celebre esse feito. É um testemunho de seu esforço dedicado e do merecimento que você conquistou em sua jornada. Esse marco não apenas é um reflexo de seu trabalho interior, mas também um convite para continuar explorando as profundezas de sua consciência e expandindo os horizontes de seu ser.

No entanto, é essencial manter vigilância sobre o ego. Esse sutil sabotador pode, se não observado e compreendido, desviar você do caminho de transformação e expansão. Lembre-se sempre de que você é o mestre de seus pensamentos. Você tem o poder de escolher cultivar uma mentalidade que não apenas fomente seu crescimento interior, mas também fortaleça sua conexão com o mundo ao seu redor.

Esse caminho exige consciência, disciplina e uma contínua busca pelo equilíbrio. Ao manter o foco em sua jornada interior e no desenvolvimento de uma relação saudável com o ego, você se equipa para explorar as vastas possibilidades de sua consciência, mantendo-se sempre conectado e alinhado com sua verdadeira essência.

CAPÍTULO 10

O RITUAL DE CONEXÃO COM A NATUREZA

> "Os céus declaram a glória de Deus; e o firmamento mostra o trabalho das suas mãos. Dia a dia profere discurso, e noite a noite mostra conhecimento. Não há discurso nem linguagem onde sua voz não seja ouvida. Sua linha vai por toda a terra, e as suas palavras ao fim do mundo."
> **SALMOS 19:1-4**

FOI NO CORAÇÃO DO REINO UNIDO, QUE A ESCRITORA EMMA Mitchell encontrou sua cura em meio à natureza. Vivendo com a sombra persistente de uma depressão, ela lutava diariamente contra a maré de emoções que tirava sua paz mental. No entanto, a reviravolta em sua história começou com passos simples, mas transformadores, em meio à natureza.

Todos os dias, Emma se aventurava em caminhadas pelos bosques e campos próximos à sua casa. A princípio, essas caminhadas eram apenas uma tentativa de escapar das quatro paredes que pareciam se fechar sobre ela. Mas, com o tempo, transformaram-se em uma jornada de descoberta e cura. A cada passo, a cada respiração do ar fresco e puro, ela sentia uma conexão crescente com o mundo natural.

A natureza, em sua sabedoria silenciosa, ensinou-a a observar e a apreciar os ciclos da vida. As folhas que brotavam, floresciam e caíam não eram apenas eventos sazonais, mas ricas metáforas para a renovação e a resiliência. Emma começou a coletar pequenos tesouros em suas caminhadas – folhas com formas intrigantes, pedras suavemente polidas pela água, penas de pássaros. Cada objeto era um lembrete da beleza e da maravilha do mundo natural.

Sua paixão pela ilustração encontrou novo alento nessa conexão com a natureza. Ela começou a desenhar aquilo que via e sentia durante suas caminhadas, criando um diário visual repleto de esboços de plantas, animais e paisagens. Esse processo criativo se tornou uma forma de meditação, um meio para Emma canalizar suas emoções e encontrar paz.

As melhorias em sua saúde mental foram notáveis. As caminhadas ao ar livre, sobretudo durante os meses mais luminosos do ano, ajudaram-na a combater os sintomas da depressão. A exposição à luz solar aumentava a vitamina D, melhorando o humor e a energia. A cada dia, cada esboço e cada momento de contemplação, Emma se sentia mais leve, mais viva.

Sua história virou um poderoso testemunho da capacidade de cura da natureza. Ela escreveu um livro chamado *The Wild Remedy*,[18] no qual explora sua experiência pessoal com a natureza e relata como isso a ajudou a lidar com a depressão e a ansiedade em uma mistura

---

18 MITCHELL, E. **The Wild Remedy**: How Nature Mends Us – A Diary. Londres: Michael O'Mara Books, 2022.

de belas ilustrações, observações de suas caminhadas e insights pessoais sobre a relação entre a natureza e o bem-estar emocional.

O reino natural, em sua vasta e rica diversidade, é uma fonte inesgotável de sabedoria e energia. É o grupo mais abundante de seres vivos em nosso planeta, cada espécie com suas propriedades únicas. Ao aprender a entender e a utilizar essas propriedades, você encontra um poderoso canal de conexão com o mundo invisível.

Essa conexão com a natureza nos permite sintonizar com frequências mais sutis de energia e consciência. Por meio da interação consciente com plantas, árvores e flores, podemos abrir portas para dimensões mais profundas de nossa existência, explorando e fortalecendo nosso vínculo com o universo espiritual. Ao abraçar esse reino como um aliado em sua jornada espiritual, você passa a compreender melhor não só a natureza ao seu redor, mas também a própria natureza interna.

Por exemplo, quantas vezes já ouvimos recomendações como "dê um passeio descalço para relaxar", "olhe para o verde da natureza quando estiver estressado" ou "abraçar uma árvore faz bem"? Embora possam parecer meras frases populares, esses conselhos carregam uma verdade prática e profunda, com potencial para expandir instantaneamente nossa consciência.

Primeiramente, é essencial reconhecer que nossa conexão com a natureza é profunda e vital, similar à relação simbiótica entre abelhas e certas espécies de plantas e árvores. Uma não pode existir sem a outra. A natureza nos fornece muito mais do que alimento. Em seu estado puro e original, ela é capaz de tornar a água potável, purificar o ar que respiramos e regular a temperatura, entre muitos outros benefícios.

Quando nos conectamos com a natureza, seja por meio de um passeio relaxante, da contemplação da beleza verdejante ao nosso redor ou do abraço a uma árvore, estamos fazendo muito mais do que simplesmente desfrutar de um momento de paz. Estamos nos reconectando com uma fonte vital de energia e equilíbrio, reforçando a ligação intrínseca que compartilhamos com o planeta. Essa conexão, muitas vezes esquecida na correria do dia a dia, é essencial para nossa saúde.

Do ponto de vista energético, as plantas, as árvores e as flores possuem uma conexão direta com a Mãe Terra. Elas recebem energia e magnetismo do núcleo do planeta – e isso as confere um potencial extraordinário para influenciar o bem-estar humano. Assim, o simples ato de tocar uma planta com intenção e concentração pode trazer benefícios curativos para uma variedade de males, como desconfortos físicos, dores de cabeça, problemas digestivos, além de aliviar o nervosismo, o estresse e até a depressão.

Por exemplo, andar descalço na grama ou na terra pode ser uma experiência transformadora, mas, para que seja verdadeiramente eficaz, é preciso fazê-lo com um propósito claro. Ao pisar com intenção e respeito, você não está apenas em contato físico com a terra, mas também se conecta energeticamente com ela. Essa conexão intencional permite que a energia do solo flua através de você, trazendo equilíbrio, cura e uma sensação renovada de conexão com o mundo natural.

Experimente um exercício simples: na próxima vez que se sentir doente, nervoso, estressado, irritado ou deprimido, observe o ambiente ao seu redor. Note como espaços dominados por paredes frias, concreto e alvenaria podem afetar sua capacidade de recuperação e bem-estar. Muitas vezes, esses ambientes urbanos densos e fechados intensificam sentimentos negativos, dificultando a recuperação emocional e física.

Agora, mude o cenário. Saia de casa e se permita um momento na natureza. Pode ser um passeio por um jardim florido, um bosque sereno, uma praça acolhedora ou uma mata densa e verdejante. Encontre um local próximo a um riacho ou um espaço natural que lhe transmita paz. E o mais importante: faça isso com a intenção clara de cura.

Observe o que acontece. Ao contemplar a beleza desses locais, ao prestar atenção na transformação das espécies, ao acompanhar o movimento dos animais e notar quanto eles vivem em paz, cada um cuidando de suas coisas, você realiza uma verdadeira higiene mental. Em poucos minutos, você notará uma mudança significativa. O estresse começa a se dissipar, a dor diminui e um estado de calma e alegria emerge. Isso ocorre porque a natureza possui um poder curativo sobrenatural. Ela não apenas acalma os sentidos, mas também trabalha em um nível mais profundo, restabelecendo nosso equilíbrio energético e harmonizando nosso corpo.

Hospitais e clínicas onde os pacientes em recuperação têm acesso a uma janela com paisagem natural verde, como a copa de uma árvore que fica próxima à sua janela, pode proporcionar um grau de evolução e recuperação maior que aqueles que ficam olhando para um teto pálido com uma luz branca.

Por que as pessoas mais velhas têm uma incrível atração pela natureza, ao passo que as mais jovens podem simplesmente ignorar sua existência? Quando nosso corpo começa a envelhecer e nossa saúde fica debilitada, sabemos de modo inconsciente que o mundo natural tem um poder curativo. Feliz é aquele que tem em sua residência um quintal verde, um local reservado a suas plantas, ainda que sejam alguns pequenos vasos em um apartamento. Eles possuem acesso ao elixir da vida. Seres vivos generosos que, em troca de um pouco de água e acesso à luz solar, transferem sua energia para promover a cura.

TÉCNICA DE PROJEÇÃO DA CONSCIÊNCIA

Quantas vezes você se deitou para dormir e sua cabeça foi invadida por um verdadeiro enxame de pensamentos aleatórios, desconexos e carregados de preocupações que não deixaram seu cérebro desligar? Uma pessoa ansiosa experimenta níveis altos de cortisol que, por sua vez, afeta mecanismos como memória, foco, concentração e, principalmente, o sono. São nessas situações que nós podemos descobrir o verdadeiro poder curativo e de expansão oferecido de graça pela Mãe Terra.

Ao entender que a natureza tem o poder de mudar nossos estados mentais, nossa energia e vibração, apresento-lhe algumas formas de atingir um estado de expansão da consciência por meio da conexão com ela.

É importante registrar que toda atividade de expansão deve ser precedida por uma intenção bem elaborada. Repito: a intenção precisa ser estabelecida para que o exercício seja completo, pois, uma vez expandida, sua consciência acessará a sabedoria universal por meio das plantas, e você não pode perder a oportunidade de receber informações dessa qualidade.

Para estabelecer uma intenção, basta declarar mentalmente ou em voz baixa qual é o seu objetivo; por exemplo, acalmar a mente para dormir, buscar a solução para um desafio no trabalho, trazer clareza para tomar uma decisão, buscar a explicação para um problema ou a cura para um mal acometido. Uma vez estabelecida a intenção, vamos à primeira técnica – a projeção de sua consciência na planta.

Encontre um local isolado e seguro onde tenha plantas para você contemplar e interagir. Caso não tenha acesso a um lugar com área verde, você pode utilizar um vaso em casa ou no escritório. Vale reforçar que a planta precisa estar saudável para esse exercício, pois uma planta doente não poderá lhe devolver a energia necessária para sua cura. Pelo contrário, é ela quem precisa de cuidados especiais, e um expandido não pode negar ajuda a um ser vivo necessitado.

Fique de pé ou sentado em frente à planta, sem tocá-la. Antes de interagir com ela, você precisa acessar um estado de vibração mais sutil em seu corpo, o que não é possível se você estiver nervoso, ansioso, estressado ou com outros sintomas do gênero. Para se acalmar, faça algumas vezes um exercício de respiração dirigindo sua atenção para o movimento de seu tórax enquanto inspira e expira. Isso deve ajudar a diminuir o fluxo de pensamentos e preocupações. Quando sentir que sua mente está em silêncio, procure o suave zumbido dentro de sua cabeça e se concentre nele. Caso não o sinta, fique apenas com a respiração. Em seguida, inicie um ritual de projeção de sua consciência.

Para isso, você deve olhar fixamente para a planta enquanto presta atenção na respiração ou no zumbido interno. Apenas a contemple por alguns minutos. Perceba o tamanho, a altura, a forma, os galhos, os detalhes das folhas, as flores se houver. Em seguida, imagine e sinta uma energia colorida saindo do peito e se encaminhando lentamente em direção a ela. Ao mesmo tempo, imagine que uma aura de energia sai das folhas da planta e vai em sua direção. Ambas as massas de energia se encontram e se tocam no ar, tornando-se um só cordão de energia. Você e a planta agora estão conectados energeticamente.

142   EXPANDIDOS

O próximo passo será, por meio desse canal, transferir sua consciência para a planta. É hora de você, por um momento, tornar-se a própria planta. Para isso, procure sentir a respiração dela e tente reproduzi-la – a planta retira gás carbônico do meio e libera oxigênio na atmosfera pelas folhas e pelas raízes –, e então imagine que você está fazendo esse movimento.

Em seguida, olhe novamente para a planta com atenção aos detalhes. Procure sentir seu tamanho, seu peso e todas as folhas que estão conectadas a seus galhos. Sinta como se seu corpo fosse o corpo dela. Leve essa energia suave para suas pernas e sinta a sensação que uma planta tem ao afundar suas raízes na terra de onde elas sugam a água e os minerais. Entregue-se de alma a esse exercício, analisando todas as sensações que percorrem seu novo corpo. Como você se sente?

Agora, preste atenção em algo muito importante: quando praticamos qualquer atividade que promova conexão, seja visual, seja física, com outros seres vivos – outra pessoa, um animal de estimação ou uma planta –, promovemos uma intensa troca de informação. Em outras palavras, nós literalmente nos comunicamos com esses seres. Com pessoas e animais, a troca é direta por meio da fala, do toque ou do contato visual. Com as plantas é um processo mais sutil e nos comunicamos por meio dos fluxos de energia. Por isso, é fundamental que você mantenha a mente em silêncio durante esse tipo de prática, para que ela não interfira no processo, trazendo ruídos desnecessários, crenças e preconceitos.

E como saber o que é uma mensagem da natureza, da consciência universal ou um pensamento produzido pela mente? Como já expliquei, a intuição lhe mostrará com clareza.

Há a possibilidade de que, em certo momento, você comece a ter novos insights, visualizar imagens ou surgir em sua mente pensamentos que fogem de seus padrões habituais. Estes são sinais de conexão. Isso também pode ser acompanhado por sensações físicas como arrepios, uma súbita vontade de bocejar e até mesmo o surgimento de lágrimas.

Se você experimentar qualquer um desses fenômenos, considere-os sinais significativos. Eles indicam que você conseguiu estabelecer uma conexão genuína com a planta ou com o ambiente natural ao seu redor. Essas respostas não são meras coincidências físicas ou emocionais; são manifestações de um diálogo mais profundo entre você e a natureza.

Essa conexão pode desencadear uma liberação emocional ou uma espécie de despertar espiritual. Pode ser uma resposta ao alinhamento com as energias sutis da planta ou um reflexo de seu subconsciente reagindo à harmonia encontrada na natureza. Esteja aberto a essas experiências e acolha-as como parte do processo de crescimento pessoal e espiritual.

TÉCNICA DE CONTATO COM A NATUREZA

Agora vamos experimentar outro poderoso processo de conexão com a natureza que também vai promover a saúde mental, o equilíbrio energético e até mesmo a cura física. Nessa técnica, vamos tocar a planta com nossas mãos de modo específico, buscando a conexão por meio da projeção de imagens mentais.

Como já vimos anteriormente, o primeiro passo nesse tipo de experiência é estabelecer uma intenção, ou seja, o que especificamente você gostaria de obter por meio desse exercício. Pense firmemente em sua intenção, visualize ou mesmo sussurre para que ela se manifeste em seu campo energético.

Em seguida, assegure-se de que você não será interrompido, e então se aproxime da planta com a qual você deseja se conectar. Pode ser uma grande árvore, o gramado de um jardim ou uma pequena planta saudável em um vaso. Toque a planta levemente com a palma das mãos. Feche os olhos e preste atenção na respiração, que deve ser suave, lenta e profunda. Mantenha a mente vazia de pensamentos e concentre toda sua atenção no zumbido interno e em suas mãos. Não faça nada, não pense em nada – apenas continue sentindo a troca de energia entre você e a planta, prestando atenção no pulsar da palma das mãos.

Aos poucos, você vai começar a sentir um fluxo de energia que sai de seu corpo e vai até a planta e também o caminho oposto.

Conforme esse fluxo aumenta, você começará a sentir uma forte vontade de bocejar. O bocejo é um poderoso recurso de limpeza energética oferecido pela natureza. Por meio dele, eliminamos os átomos e as energias negativas impregnadas em nosso corpo e também transmutamos os pensamentos que estão nos atormentando e atrapalhando nosso sono. Algumas pessoas relatam bocejos sequenciais incontroláveis somados às lágrimas que caem em abundância.

É importante que você se entregue de alma a esse fluxo de limpeza. Não lute contra os bocejos ou contra as lágrimas, isto é, não se preocupe em secá-las. As lágrimas também funcionam como mecanismo de limpeza do corpo e da alma.

Fique conectado à planta o tempo que for necessário até que os bocejos acabem. Procure também fechar os olhos e prestar atenção atrás de suas pálpebras. Perceba se o fluxo de informações trocadas entre você e a planta traz alguma imagem. Se sim, interprete as informações que está recebendo. Que ensinamento existe naquela imagem para você? Qual aprendizado a inteligência universal está lhe proporcionando? Pergunte, converse com ela e confie em sua intuição.

Ao término desse exercício, você sentirá uma profunda sensação de bem-estar, de leveza e até mesmo de gratidão pelo que aquela simples plantinha, que muitas vezes fica esquecida no canto, pode fazer por você hoje. Ao praticar esse exercício antes de dormir, você sentirá o estado de tranquilidade que o ajudará a pegar no sono rapidamente.

SINAIS DE QUE VOCÊ ESTÁ CONECTADO

Andar descalço pelo gramado, abraçar delicadamente uma árvore, tocar e sentir o poder da natureza não é uma piada como muitos incrédulos costumam acreditar. É um dos maiores mecanismos de conexão, expansão da consciência e cura disponíveis aos seres humanos. Por isso, devemos respeitar e proteger toda área verde existente no mundo. Existe uma sabedoria ancestral, profundamente enraizada nas tradições indígenas, que nos ensina: "Tudo está ligado, como o sangue que une uma família. Todas as coisas estão ligadas. O que acontece à terra recai sobre os filhos da terra". Essa simples e profunda verdade ressoa com um chamado à consciência e ao respeito pela natureza que nos cerca.

Um claro indicativo de que você está progredindo na técnica de conexão com as plantas é a facilidade crescente com que essa conexão ocorre. Inicialmente, você começa a perceber uma troca de energia entre você e a planta, um intercâmbio sutil, porém perceptível. À medida que avança, essa interação se intensifica, levando a manifestações físicas e emocionais de limpeza energética e cura em andamento, sinais de que você está se alinhando com as frequências da natureza.

O ápice dessa jornada é alcançar um estado de quase entorpecimento, um momento de profunda conexão e tranquilidade. É nesse estágio que a abertura da terceira visão e a clariaudiência se manifestam, permitindo que você receba ensinamentos valiosos do universo. Esse não é apenas um momento de aprendizado, mas também uma experiência de profunda transformação e alinhamento espiritual.

Persevere nessa prática e a aborde sem pressa ou grandes expectativas. O caminho é tão importante quanto o destino. Quando menos esperar, esse estado de graça e bênção se manifestará. Será um momento de reconhecimento e celebração, um testemunho de sua dedicação e de seu alinhamento com as forças naturais e espirituais do universo.

CAPÍTULO 11

O RITUAL DE MEDITAÇÃO

"Seja-lhe agradável a minha meditação,
pois no Senhor tenho alegria."
SALMOS 104:34

EXPLORAMOS ATÉ AGORA ALGUMAS TÉCNICAS ELABORADAS para purificar nosso corpo e limpar nossa mente, abrindo espaço para uma mentalidade embasada nos ensinamentos de Cristo e vendo formas de concentrar a atenção e ampliar a percepção sensorial com o objetivo de pavimentar o caminho para a expansão da consciência por meio da meditação.

A meditação é uma prática milenar extremamente poderosa e uma das mais sublimes expressões humanas. Quando entramos em um estado meditativo e, por meio dele, tocamos a inteligência universal, experimentamos nosso verdadeiro poder, pois ela nos permite desbravar um espaço conceptual sem limites da mente humana.

Esse espaço conceptual é onde a mente trabalha para você. É o lugar onde o homem pode brincar de Deus com toda segurança, pois é uma dimensão na qual a criatividade flui livremente, sem as barreiras de crenças limitantes e preconceitos. É o berço de suas melhores ideias e a fonte da qual emergem as visualizações de seus sonhos antes mesmo que se manifestem no mundo físico. Nesse espaço, o potencial é ilimitado e a possibilidade de inovação e descoberta é infinita. Se pudéssemos visualizar a mente de grandes gênios da humanidade em funcionamento, provavelmente veríamos eles atuando nesse plano mental.

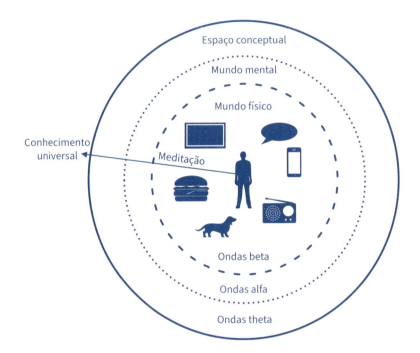

Contudo, acessar esse espaço requer o aprendizado e a prática da arte de meditar. A meditação não é apenas um ato de silêncio e calma; é uma jornada para dentro de si mesmo, um caminho para descobrir e explorar áreas adormecidas da própria mente. Ao meditar, você se abre para novas percepções e insights, ampliando seu entendimento não apenas sobre si mesmo, mas também sobre o mundo ao seu redor. Entretanto, é importante que você entenda que essa prática não é apenas relaxar o corpo.

Existe uma diferença entre relaxamento e meditação. A internet tem propagado inúmeras técnicas de relaxamento como se fossem técnicas de meditação. Meditação é o destino, é o objetivo a ser alcançado; e relaxamento é o percurso pelo qual vamos preparar a mente para o estado meditativo. Portanto, são processos complementares, mas diferentes. Considero fundamental dominarmos as duas habilidades, pois, separadas, elas podem atender a propósitos diferentes.

Para ilustrar a jornada da meditação, imagine-se admirando um vasto céu azul. Esse céu simboliza sua mente (o espaço conceptual) em um estado de paz e clareza. Gradualmente, você percebe que nuvens começam a se formar no horizonte. Essas nuvens representam os pensamentos que, de tempos em tempos, cruzam nossa mente. Um céu repleto de nuvens densas é como uma mente repleta de pensamentos. Às vezes, as nuvens são tão persistentes que nos fazem esquecer que o céu azul, símbolo de tranquilidade e clareza, está sempre lá, apenas oculto pelos pensamentos.

Agora, imagine que seu objetivo é alcançar a altura desse céu, removendo as nuvens para revelar novamente o azul límpido. Para isso, você encontra balões coloridos à sua espera. Esses balões, flutuando suavemente, representam o relaxamento que transporta você do estado vigília – no qual nosso cérebro trabalha nas ondas cerebrais beta – ao estado meditativo, caracterizado pelas ondas alfa ou theta, que se manifestam quando estamos relaxados, mas ainda acordados e conscientes ou em meditação profunda. Os balões são os veículos que facilitam sua jornada.

Nesse cenário, a meditação se torna a arte de dissipar as nuvens de pensamentos ou, às vezes, brincar com elas, criando formas divertidas como se estivessem moldando figuras em algodão. É um processo lúdico e transformador, no qual você aprende a interagir com os pensamentos de maneira leve e criativa, sem permitir que eles dominem o céu de sua mente. Essa prática nos ensina a observar os pensamentos sem se apegar a eles, permitindo que passem como nuvens, redescobrindo o céu azul da clareza e da paz interior.

Existem diversos caminhos para praticar a meditação, cada um com suas peculiaridades e benefícios. Por exemplo, temos o estado de silêncio mental, em que o foco é acalmar a mente, aquietando o turbilhão de pensamentos. Há também a visualização criativa, que utiliza a imaginação para construir imagens mentais positivas e fortalecedoras. E ainda temos a meditação reflexiva, que pondera profundamente certos problemas que você está enfrentado. Todas elas atuam nas "nuvens" da mente, ou seja, no domínio dos pensamentos, ajudando a limpar ou reorganizar o céu mental.

Além destas, existe a meditação transcendental, uma espécie de versão mais avançada dessa prática. Nela, os "balões do relaxamento" que mencionei anteriormente levam você muito além das nuvens comuns dos pensamentos. Na meditação transcendental, você ascende a um estado em que se torna o observador situado acima do próprio ato de pensar. É como se você transcendesse a mente ordinária e suas limitações, alcançando uma perspectiva superior. Nesse estado elevado, você não é apenas um participante no fluxo de pensamentos, mas se torna o criador, o "ser fonte", que observa e compreende tudo de uma posição de profunda clareza e entendimento.

A meditação transcendental oferece uma experiência transformadora, na qual a conexão com o eu mais profundo e a essência da vida se torna mais clara e palpável. Aqui, você experimenta uma expansão da consciência que vai além da compreensão ordinária, abrindo portas para novas percepções e uma profunda sensação de paz e unidade com o universo.

MEDITAÇÃO: BUSCANDO NA FONTE

A ideia de uma fonte universal de conhecimento remonta a muitas tradições filosóficas e espirituais antigas, sendo destacada também por renomados psicólogos, como Carl Jung.[19] Essa noção sugere que há uma reserva inesgotável de informações, intuições e compreensões profundas que está acessível a todos, independentemente do tempo ou do espaço. Como mergulhar nesse reservatório de sabedoria universal é uma questão que tem intrigado muitas mentes curiosas.

---

19 A PSICOLOGIA junguiana e o inconsciente coletivo. **Telavita**, [s. l.], 2021. Disponível em: https://www.telavita.com.br/blog/psicologia-junguiana/. Acesso em: 25 jan. 2024.

Imagine o conhecimento universal como um vasto oceano e os homens como pescadores em um barco na superfície, usando uma simples vara de pescar para fisgar algum conhecimento. Entretanto, os pescadores muitas vezes não percebem que podem colocar seus trajes e mergulhar no oceano para obter uma visão panorâmica e uma compreensão das possibilidades existentes nesse vasto ambiente. Assim são as profundezas da mente humana.

A teoria da **mente global** é um campo intrigante que explora a possibilidade de interconexão entre as mentes individuais. Carl Jung introduziu o termo "sincronicidade" para descrever ocorrências que parecem ser coincidências, mas que carregam um significado profundo de conexão entre nossas mentes.[20] Esses eventos sincrônicos sugerem que a mente individual pode estar em sintonia não apenas com outras mentes, mas também com um campo mais amplo de conhecimento.

Por exemplo, você pensa em uma pessoa que não encontra há muito tempo e, surpreendentemente, recebe uma ligação dela, mesmo estando geograficamente distantes. Ou, talvez, você conceba a ideia de abrir uma sorveteria em um imóvel desocupado há anos, mas acaba procrastinando. Meses depois, descobre que outra pessoa abriu uma sorveteria lucrativa no mesmo local, exatamente como você havia imaginado. Nesses momentos, podemos nos sentir frustrados, como se nossa ideia tivesse sido "roubada". No entanto, essas coincidências podem ser vistas como confirmações de que todas as mentes estão interligadas em uma rede mais profunda de informação, uma mente global na qual tudo fica armazenado.

Nesse espaço, as ideias não são propriedade exclusiva de uma única mente, mas flutuam livremente, acessíveis àqueles que se concentram, meditam e estão abertos a recebê-las. Assim, as ideias e os insights que surgem em nossa mente podem ser vistos como frutos de uma conexão mais ampla – evidências de que estamos todos interligados em um nível muito mais profundo do que normalmente percebemos.

---

20 SINCRONICIDADE. **Anahana**, [s. l.], 16 jun. 2023. Disponível em: https://www.anahana.com/pt/mental-health/synchronicity. Acesso em: 25 jan. 2024.

Nessa primeira fase do **Ritual de Meditação**, o foco será aprender a relaxar, ou seja, a preparar os "balões" que nos elevarão ao céu da consciência. Para facilitar esse processo, preparei algumas etapas que funcionarão como diretrizes. Essas orientações são projetadas para que você as aplique e adapte ao próprio ritual de meditação. A ênfase em "adaptar" é crucial, pois a mente humana é comparável ao vasto céu azul, imprevisível e em constante mudança. Não sabemos quais ventos vão soprar em nosso caminho e em que direção os balões do relaxamento nos levarão.

Encare essas diretrizes como uma caixa de ferramentas, em que cada item tem o potencial de ajudá-lo a navegar e resolver os desafios que possam surgir e que o impedem de atingir o estado desejado de expansão da consciência. Lembre-se de que a meditação não é um processo rígido; ela se molda às necessidades e às circunstâncias de cada indivíduo. Ao se familiarizar com essas ferramentas e aprender a usá-las de acordo com suas necessidades pessoais, você estará bem equipado para ascender de maneira mais suave ao estado meditativo, independentemente dos obstáculos ou das surpresas que possam aparecer em seu caminho.

DIRETRIZ PARA O EXERCÍCIO DE RELAXAMENTO

Muitas pessoas questionam qual seria a posição ideal para meditar: sentado em uma cadeira, com as pernas cruzadas na posição de lótus, ou deitado. A resposta, embora pessoal, tende a favorecer a posição deitada, sobretudo porque o objetivo da meditação é alcançar um estado mental no qual a consciência do corpo se dissipa. Nessa posição, o corpo pode relaxar completamente, facilitando a concentração e a jornada para dentro de si.

No entanto, meditar deitado exige um controle consciente sobre o sono. Se o praticante estiver exausto após um dia intenso, há um risco maior de adormecer involuntariamente durante a meditação. Portanto, ao escolher a posição para meditar, leve em consideração seu estado físico e mental no momento.

Pessoalmente, prefiro meditar pela manhã, logo após acordar, mas ainda deitado na cama. Nesse horário, minha mente está mais alerta e receptiva e o sono da noite assegura que não dormirei durante a meditação. É crucial que cada um reconheça e respeite a postura que melhor funciona para si. Essa prática é uma experiência pessoal e íntima e a posição que você escolher deve complementar e fortalecer seu exercício, garantindo o máximo de conforto e eficácia.

Para atingir o estágio de meditação transcendental, é fundamental alcançarmos um estado físico ideal. O corpo, se não estiver adequadamente preparado, pode se tornar um obstáculo na jornada meditativa. A chave para ultrapassar essa barreira é atingir um nível de relaxamento tão profundo que esqueçamos que temos um corpo. Isso é essencial para acessar a fonte.

Alcançar esse nível de relaxamento requer um mergulho profundo na consciência corporal. Imagine a possibilidade de estar tão relaxado que a percepção física de seu corpo se dissolve completamente. Nesse estado, sua consciência se expande, libertando-se das limitações físicas e permitindo uma conexão mais plena e profunda com a fonte de sua consciência. A seguir, explico um exercício de visualização para você alcançar esse estado mais profundo de meditação.

Feche os olhos e imagine que está de pé, olhando para si mesmo como se estivesse diante de um espelho. Agora, com um simples comando, faça suas roupas desaparecerem. As roupas representam as armaduras que usamos todos os dias, as máscaras que vestimos para enfrentar o mundo. Sem elas, você está vendo sua versão mais autêntica, sem adornos, sem poses, na forma mais pura e original.

Prossiga com a visualização: faça suas pernas desaparecerem. Observe seu corpo sem as pernas, reconhecendo que a essência de quem você é ainda permanece. Em seguida, com outro comando, faça os braços desaparecerem, depois, o tronco, deixando apenas a cabeça flutuando. Você ainda está lá, não está? Por fim, faça a cabeça desaparecer também. Agora, não há mais corpo físico, mas, surpreendentemente, você não se assusta. Você percebe algo incrível: mesmo sem um corpo, sua presença persiste.

É sua alma que está no comando. Ela sempre esteve lá, vestindo seu corpo como um manto temporário. Agora, ela está livre. Livre para flutuar, para viajar para qualquer lugar nesse vasto universo mental. Sem as limitações físicas, sua alma pode explorar novas dimensões de ser e consciência. Essa visualização é uma metáfora poderosa para o desapego do físico e o reconhecimento da alma imortal que reside dentro de você.

Ao alcançar esse estado de expansão da consciência, você adentra um domínio onde tudo é possível, um espaço conceptual de criação ilimitada e percepção elevada. Aqui, você detém o poder de moldar a vida perfeita que deseja, infundida com experiências necessárias não apenas para seu conforto mas principalmente para experimentar, comparar, aprender e evoluir, que é o verdadeiro caminho que precisamos trilhar. Este é um estado propício para a reflexão profunda sobre questões importantes e para buscar a orientação de seus guias espirituais.

No entanto, é crucial entender a importância de manter uma perspectiva objetiva nesse lugar sagrado, trabalhando em terceira pessoa para evitar que pensamentos e julgamentos pessoais interfiram em seu estado meditativo. Por exemplo, em vez de se perguntar "no que estou pensando?", questione "em que você está pensando agora?". No lugar de dizer "o que eu quero imaginar?", formule a questão como "o que você quer imaginar agora?". Essa mudança sutil de perspectiva permite uma impessoalidade carregada de preconceitos, julgamentos e crenças, facilitando um diálogo mais puro e desimpedido com seu *eu superior*.

Divirta-se e explore com liberdade esse processo, pois agora você está no papel da fonte criadora. Nesse estado, você tem a oportunidade de explorar, criar e transformar, vivenciando a plenitude de ser uma consciência expansiva e criativa. Este é um momento de descoberta, de contemplação e de profunda realização pessoal.

Sobre a possibilidade de usar a música para induzir a meditação, o uso não é proibido. De fato, a música pode servir como um meio para atrair nossa atenção e facilitar o processo de entrar no estado meditativo. Contudo, é importante estar ciente do risco de criar uma dependência da música para meditar, o que pode ser contraproducente. O objetivo é desenvolver a capacidade de meditar em qualquer lugar e situação, inclusive durante atividades diárias, uma vez que essa prática pode ser integrada à consciência cotidiana para melhorar o desempenho em tarefas que exigem clareza e criatividade.

Portanto, em vez de depender da música, encorajo você a focar os pontos de concentração que já exploramos anteriormente: a respiração, o zumbido no centro da cabeça, as batidas do coração ou a "tela" por trás das pálpebras fechadas. Escolha um desses pontos e concentre-se nele enquanto trabalha para silenciar seus pensamentos. Permita que seu corpo "desapareça" em sua percepção, facilitando sua entrada no estado meditativo.

Essa prática de focar pontos de concentração internos fortalece a habilidade de meditar sem depender de estímulos externos, tornando a meditação uma ferramenta mais acessível e versátil em sua vida. Com a prática, você descobrirá que pode acessar um estado de clareza e tranquilidade em qualquer lugar, a qualquer hora, trazendo uma qualidade meditativa para as experiências do dia a dia.

EXERCÍCIO DE RELAXAMENTO

Duração: 5 a 10 minutos (ou o tempo que você desejar).

PASSO 1: PREPARAÇÃO

Encontre um local tranquilo onde você possa relaxar sem ser interrompido. Pode ser um quarto silencioso ou um espaço ao ar livre. Deite-se ou fique sentado confortavelmente em uma posição relaxada. Certifique-se de que sua coluna esteja reta, mas não rígida. Feche os olhos e respire profundamente algumas vezes para relaxar o corpo e acalmar a mente.

PASSO 2: RELAXAMENTO MUSCULAR PROGRESSIVO

Comece pela cabeça e vá descendo pelo corpo, concentrando-se em relaxar cada parte à medida que você avança. Foque um dos pontos de concentração enquanto faz isso. Inspire profundamente pelo nariz, segure por um momento e expire lentamente pela boca. Conforme relaxa cada parte do corpo, visualize-a se tornando leve e solta. Comece pela testa, depois desça para os olhos, as bochechas, a mandíbula e assim por diante, até chegar aos dedos dos pés.

PASSO 3: DEIXANDO DE SENTIR O CORPO

Após alcançar um relaxamento completo do corpo, o próximo passo é ultrapassar a barreira das sensações corporais (os sentidos) para adentrar plenamente no estado meditativo. Em vez de relaxar cada parte do corpo separadamente, vamos agora mergulhar o corpo inteiro em um fluxo uniforme de relaxamento. Essa abordagem é essencial para alcançar o estado ideal para a meditação.

Inicie concentrando-se em todo o seu corpo, da cabeça aos pés, como uma única peça. Ao expirar, visualize uma onda de energia – quente, leve e agradável – vinda do espaço, chocando-se suavemente com todo o seu corpo de uma só vez. Inspire profundamente e, ao expirar, sinta a próxima onda da energia e assim sucessivamente até relaxar o corpo por completo. Repita esse processo até sentir que seus sentidos, como a audição e o olfato, começam a se afastar, tornando--se distantes e menos perceptíveis.

Nesse momento, seu corpo estará totalmente relaxado e imóvel, sem nenhuma sensação de desconforto ou distração. Agora, com comandos mentais, faça as partes de seu corpo desaparecerem gradualmente, uma após a outra, até que nada material reste, apenas sua alma, flutuando serenamente no espaço conceptual. A partir desse instante, seu cérebro estará operando ondas cerebrais profundas. Com a alma aberta a sugestões e a consciência plenamente expandida, você está preparado para receber ensinamentos e insights. Este é o momento perfeito para perguntar, meditar ou experimentar a vida que você deseja ter, em um estado de total receptividade e expansão da consciência.

O RITUAL DE MEDITAÇÃO

Com sua consciência agora expandida, você está prestes a acessar a sabedoria da fonte e é fundamental que você aproveite ao máximo essa oportunidade. Durante esse exercício, pode surgir a dúvida: sobre o que meditar? Lembre-se de que cada aspecto de nossa vida oferece um campo fértil para desafios e aprendizados. As diferentes esferas da vida funcionam como plataformas para nosso crescimento, podendo ser tanto degraus para ascensão quanto barreiras a serem superadas.

É importante entender que a missão de um expandido não é apenas meditar para buscar benefícios materiais pessoais, mas também atrair experiências enriquecedoras que promovam compreensão, propósito e evolução. A verdadeira evolução ocorre quando vivenciamos experiências significativas, compreendendo-as e integrando seus ensinamentos em nossa jornada de crescimento.

Para guiar você nesse processo de autoconhecimento e evolução, apresento as seis esferas da vida que constituem os pilares fundamentais da existência humana:

1. **Esfera pessoal:** refere-se ao seu crescimento individual, saúde, bem-estar e desenvolvimento pessoal;

2. **Esfera familiar:** engloba as relações familiares, o lar e as dinâmicas pessoais no contexto familiar;

3. **Esfera intelectual:** abrange o aprendizado, a educação formal e informal e o desenvolvimento intelectual;

4. **Esfera profissional:** relaciona-se com a carreira, o trabalho, as aspirações profissionais e o sucesso no ambiente de trabalho;

5. **Esfera espiritual:** envolve sua jornada espiritual, as crenças, as práticas espirituais e a conexão com o universo;

6. **Esfera social:** inclui as relações sociais, as amizades, as atividades comunitárias e a interação com a sociedade.

Cada uma delas oferece um universo único de experiências e lições. Ao meditar em cada uma delas, você pode descobrir novos caminhos para seu crescimento, enfrentar desafios e transformar barreiras em oportunidades para a evolução.

Considere sua consciência expandida como um terapeuta confiável que o convida a mergulhar profundamente em seu eu interior. Para ele, você pode fazer perguntas sobre qualquer uma das áreas-chave de sua vida, buscando reflexões sinceras e respostas detalhadas. Esse processo não só define seu ponto de partida, mas também assegura que cada passo dado em direção ao seu crescimento seja embasado em uma compreensão completa de onde você está agora e do que precisa fazer para evoluir.

Por exemplo, se você enfrenta desafios na esfera familiar, em vez de se deixar levar por pensamentos superficiais sobre os membros de sua família, como "minha família é legal", "minha mãe é especial" ou "meu pai é muito severo, mas eu o amo", foque em questões mais introspectivas, pergunte a si mesmo "quem é você no contexto familiar?", por exemplo. Deixe que sua consciência expandida traga os insights, sempre lembrando que ela não trará reflexões baseadas em sentimentos negativos como vingança, ira, mágoa ou medo. Se esses pensamentos surgirem, reconheça-os como manifestações da mente e do ego. Deixe-os passar como uma nuvem e concentre-se no que é construtivo e positivo.

Como já vimos várias vezes, antes de iniciar a meditação, é crucial estabelecer uma intenção clara, um objetivo específico. Sem isso, a meditação pode ser comparada a uma visita ao terapeuta sem saber o motivo da consulta. Definir uma intenção ajuda a direcionar o foco de sua meditação, garantindo que ela seja produtiva e alinhada com seus objetivos de crescimento pessoal.

Aqui estão algumas perguntas que foram projetadas para promover uma autoanálise profunda e significativa em cada área da vida, encorajando um entendimento mais claro de si mesmo e das dinâmicas que influenciam seu caminho de desenvolvimento pessoal.

ESFERA PESSOAL

- Quem é você verdadeiramente?
- Quais são suas qualidades mais marcantes?
- Quais desafios pessoais você enfrenta atualmente?
- Onde você deseja estar no fim da vida?
- Quais são os indicativos de que você está em um caminho de evolução?

ESFERA FAMILIAR

- Qual é seu papel dentro de sua família?
- Quem são os membros que compõem sua família?

- Como você descreve sua relação com cada um deles?
- Em que aspectos você pode melhorar essas relações?
- De que forma sua família contribui para seu processo de evolução?

ESFERA INTELECTUAL

- Qual é seu foco de estudo ou interesse intelectual no momento?
- O que lhe traz satisfação e realização acadêmica?
- Quais conhecimentos são necessários para seu crescimento intelectual?
- Quem ou quais recursos podem auxiliar seu aprendizado?

ESFERA PROFISSIONAL

- Qual é sua ocupação ou campo de atuação atual?
- Como você se sente em relação a seu trabalho?
- Quais são seus objetivos e aspirações profissionais?
- Como é seu relacionamento com os colegas?
- De que maneira seu trabalho contribui para seu desenvolvimento pessoal?

ESFERA ESPIRITUAL

- Como você vivencia e sente a espiritualidade em sua vida?
- De que forma sua prática espiritual o apoia e fortalece?
- Como a espiritualidade contribui para seu processo de evolução?

ESFERA SOCIAL

- Quem são seus amigos e pessoas próximas?
- Como essas relações influenciam seu crescimento e evolução pessoal?

PASSO 4: ENCERRAMENTO

Quando você sentir que está pronto para concluir sua meditação, inicie o processo de retorno ao estado de consciência usual. Comece por movimentar suavemente os dedos das mãos e dos pés. Esse simples ato ajuda a reconectar seu corpo físico com o mundo físico. Abra os olhos lentamente, permitindo que se ajustem novamente ao ambiente. Antes de se levantar, dedique um momento para se alongar gentilmente, acolhendo uma sensação de renovação e de energia.

Após a meditação, é fundamental reservar um tempo para refletir sobre as questões que você explorou e as lições que extraiu delas. Essa reflexão pode ser feita por meio de anotações ou gravações, documentando suas percepções e aprendizados. Guarde essas reflexões com cuidado; no futuro, elas servirão como um registro valioso de seu progresso na jornada de expansão da consciência.

Lembre-se de que acessar a fonte universal de sabedoria não é uma tarefa simples. Requer mente aberta, prática contínua, intuição forte e uma sensibilidade aguçada. Assim como um rádio precisa estar sintonizado na frequência correta para captar uma estação, sua consciência precisa estar afinada para receber insights profundos e significativos. Conforme você aprofunda sua conexão com essa fonte de sabedoria, é provável que note um aumento na clareza, intuição, sincronicidades e compreensão, ultrapassando as barreiras do conhecimento convencional.

CAPÍTULO 12

O RITUAL DE ESTÍMULO DA ENERGIA KUNDALINI

> "Ou não sabeis que o vosso corpo é o templo do Espírito Santo, que está em vós, proveniente de Deus, e que não sois de vós mesmos?[...] portanto, glorificai a Deus no vosso corpo [...]."
> **1 CORÍNTIOS 6:19-20**

NO CORAÇÃO DA ÍNDIA, NA PRIMEIRA METADE DO SÉCULO XX, viveu Gopi Krishna, um homem cuja vida seria marcada por uma experiência extraordinária e transformadora. Funcionário público de dia e buscador espiritual nas horas vagas, Krishna se dedicava à prática da meditação com entusiasmo e disciplina. No entanto, em 1937, durante a meditação matinal, ele encontrou algo além da calma e do silêncio interior que buscava.

Naquela manhã, como ele descreveria mais tarde em seu livro, *Kundalini: The Evolutionary Energy in Man*,[21] Gopi vivenciou o que muitos buscadores espirituais anseiam e outros temem: o despertar espontâneo da energia kundalini. Ele sentiu uma forte corrente elétrica subindo pela espinha, iluminando seu ser com uma luz que transcendia a compreensão material. Era como um fogo divino, percorrendo e abrindo os canais extrassensoriais dentro dele, expandindo sua consciência para além dos limites do eu físico.

Nos meses que se seguiram, ele navegou por uma jornada de extremos. Sua experiência de despertar trouxe desafios inesperados – turbulências físicas e psicológicas – e revelações profundas. Ele passou por momentos de êxtase e de angústia intensa, lutando para compreender, estabilizar e integrar a poderosa energia que agora fluía dentro dele.

Com o tempo, essa energia transformadora começou a se estabilizar, permitindo que ele explorasse as vastas dimensões acessíveis para a mente humana, bem como os mistérios do universo espiritual. Sua experiência com a kundalini o levou a uma compreensão mais profunda da consciência e do potencial humano.

Gopi Krishna se tornou pioneiro, escrevendo e falando sobre suas experiências e insights. Seu trabalho não foi apenas um relato autobiográfico; tornou-se um texto fundamental para todos aqueles interessados nas intersecções entre a espiritualidade e a consciência. Ele defendia a necessidade de uma abordagem equilibrada e respeitosa em relação ao despertar dessa energia poderosa, enfatizando que a preparação e a compreensão adequadas eram essenciais para navegar por essa jornada transformadora.

Na busca por iluminação, ele não apenas descobriu profundas verdades sobre si mesmo, como também abriu caminhos para outros explorarem os mistérios do espírito humano.

---

21 KRISHNA, G. **Kundalini**: The Evolutionary Energy in Man. Colorado: Shambhala Publications, 1997.

Os rituais voltados à expansão da consciência que exploramos até aqui, que incluem os rituais do Renascimento, do Sol, da Purificação do Corpo, de Concentração, de Conexão com a Natureza e de Meditação foram cuidadosamente selecionados. Cada um deles tem um propósito específico no processo de expansão, que conduz você não apenas a uma versão mais concentrada, disciplinada e moralmente elevada de si mesmo, mas também a um estado de sensibilidade aguçada no plano terreno e espiritual.

Esses rituais são mais do que práticas isoladas; são etapas em uma jornada de transformação do homem comum repleto de dilemas, traumas, apegos, ansiedades e medos, em um ser totalmente pacífico, em paz, mentalmente presente, consciente de seu papel no mundo e em plena evolução. Os ensinamentos de Jesus, por exemplo, expandem nossa consciência por meio da vivência de valores morais elevados. Os rituais de conexão com a energia solar e a natureza elevam nossa vibração e expandem nossa sensibilidade para com o mundo invisível, ao passo que a purificação do corpo e a meditação promovem a conexão com o eu interior e com um mundo mais sutil.

A disciplina na prática desses rituais e a busca da excelência em seus resultados podem ser vistas como provações que o praticante deve superar para estar devidamente preparado para despertar a mais poderosa energia para expansão que o ser humano pode experimentar: a energia kundalini.

A kundalini, na tradição do ioga, é uma forma de energia espiritual primordial, simbolizada como uma serpente adormecida na base da coluna vertebral. Quando despertada, essa energia ascende por meio da coluna ativando todos os *chakras*, levando a um estado elevado de consciência e iluminação espiritual, como aconteceu com Gopi Krishna.

Devemos ter consciência de que é extremamente difícil alguém conseguir verdadeiramente despertar a kundalini, como Gopi o fez, porém só o fato de buscar disciplinadamente esse objetivo promove importantes transformações na vida de um praticante, sendo uma delas a própria expansão da consciência. Por isso, é essencial que o ritual que logo será apresentado seja realizado com um entendimento completo de seus princípios, o domínio de seus efeitos e a responsabilidade de seguir o método à risca.

A seriedade desse assunto é tamanha que, depois de um processo de reflexão e meditação diária ao longo de várias semanas, recebi um sinal da espiritualidade para compartilhar esse ritual com o público. Portanto, assumo o compromisso de apresentá-lo de maneira didática, cuidadosa e responsável para garantir que cada praticante compreenda plenamente a natureza e o potencial da energia que está sendo manipulada. É fundamental que a prática seja feita com a seriedade que merece, considerando não apenas as técnicas em si, mas também a preparação física, mental e espiritual para lidar com tal energia, abordadas nos rituais anteriores.

Como o referido ritual trata da manipulação da energia ligada ao sexo, entendo que é importante esclarecer a diferença entre sexo, sexualidade e erotismo, pois sabemos que os três assuntos orbitam em torno dessa energia; porém, o objetivo aqui é trazê-la ao contexto da expansão da consciência e da espiritualidade – as únicas circunstâncias em que essa energia pode ser manipulada em sua plenitude.

Assim, no contexto biológico, sexo se refere às características anatômicas, genéticas e fisiológicas que definem os seres humanos como masculinos ou femininos; o termo "sexo" é comumente usado para descrever a atividade sexual – o ato físico de intimidade entre indivíduos. Já sexualidade é um espectro vasto que abrange muito mais que o ato sexual em si; inclui desejos, orientações sexuais, identidades de gênero e como expressamos e experimentamos o amor e o prazer. Erotismo, por sua vez, é um aspecto fundamental da sexualidade humana. Diferentemente de sexo, que pode ser visto de uma perspectiva mais biológica, erotismo é a expressão do desejo sexual. Ele abrange a imaginação, as fantasias e as emoções que despertam e intensificam a atração sexual. Cada um desses elementos – sexo, sexualidade e erotismo – desempenha um papel crucial na forma como experimentamos a energia sexual. Mas existe também um quarto elemento: a energia ligada ao despertar da kundalini, que em sua origem está acima de todas as outras definições. Vamos entender melhor a seguir.

Para a sociedade em geral, sexo está associado à procriação e aos prazeres físicos, ao passo que na tradição iogue o despertar da kundalini é associado a uma profunda expansão da consciência, iluminação espiritual e percepção cósmica. Uma das vias para ativar essa energia é por meio da manipulação consciente da energia sexual. Por exemplo, no tantra ioga, ciência holística do ser humano, a energia sexual é entendida como uma forma potente de energia vital, a qual é considerada uma fonte poderosa para a promoção da saúde física e emocional, a expansão da consciência e a conexão com o divino.

Curiosamente, uma das práticas mais notáveis no tantra relacionada a isso é o orgasmo seco, em que o praticante alcança o orgasmo sem ejaculação. Nessa cultura, acredita-se que a ejaculação excessiva pode levar à diminuição da energia vital do corpo; portanto, a retenção do sêmen é praticada como um método de conservar e canalizar essa energia para objetivos espirituais. Com essa prática, os discípulos alcançam um alto grau de controle sobre sua energia sexual, podendo prolongar a experiência e atingir um "orgasmo energético" poderoso, dissociado da ejaculação física.

Parece difícil acreditar que a energia sexual é algo dotado de um propósito elevado, dada sua representação frequentemente distorcida na sociedade. Em um contexto no qual o sexo é mercantilizado, oferecido como forma de entretenimento e frequentemente distorcido em letras de músicas, utilizado como ferramenta para ganhar seguidores nas redes sociais e banalizado em produções cinematográficas, fica difícil acreditar e até mesmo reconhecer seu desígnio espiritual.

Talvez um dos primeiros e maiores desafios para quem busca um entendimento mais profundo da vida seja ressignificar o propósito dessa energia. As pessoas precisam senti-la como uma energia pura, divina e capaz de expandir os limites da consciência. Ao fazer isso, elas se libertam da exploração do aspecto físico que leva homens e mulheres ao vício e à pornografia e, consequentemente, entram em um reino de crescimento espiritual e de transformação.

RESSIGNIFICANDO A ENERGIA SEXUAL

Em 2022, o reconhecido ator Terry Crews, famoso por seus papéis em sucessos como *As branquelas* e a série *Todo mundo odeia o Chris*, causou surpresa ao participar de um podcast nos Estados Unidos, no qual compartilhou abertamente os detalhes de sua luta contra o vício em pornografia.[22] Essa revelação foi feita como parte de seu esforço para aumentar a conscientização do público sobre questões importantes de saúde pessoal e bem-estar, destacando a importância do tratamento e da abordagem consciente desses desafios.

O vício em pornografia é uma realidade complexa que pode destruir a vida de uma pessoa; pode ser consequência da maneira distorcida como o sexo foi apresentado na infância ou adolescência. Por exemplo, muitos jovens foram ensinados a recorrer à pornografia como um refúgio temporário de questões emocionais ou psicológicas mais profundas, muitas vezes sem perceber que estão entrando em um ciclo vicioso. Em outros casos, o vício em pornografia surge como uma tentativa de escape ou alívio diante de estresses e desafios da vida cotidiana.

Outro motivo é a busca por uma conexão afetiva. Indivíduos que enfrentam dificuldades em estabelecer relações interpessoais satisfatórias podem ver na pornografia um substituto para a intimidade. Da mesma forma, curiosidade e exploração sexual, particularmente entre os mais jovens, podem levar a um consumo excessivo de pornografia, substituindo uma educação sexual abrangente e saudável. Além disso, problemas de autoestima e imagem corporal podem fazer com que algumas pessoas usem a pornografia como forma de validação ou para viver fantasias com as quais se sentem mais confiantes e desejáveis.

Na era digital, o acesso fácil e quase ilimitado à pornografia tem levado muitas pessoas a desenvolverem um vício nessa prática, o qual pode estar intimamente ligado ao hábito excessivo de masturbação. Essa combinação pode trazer consequências negativas tanto para a saúde mental quanto física dos indivíduos.

A masturbação excessiva, sobretudo quando associada ao consumo de pornografia, pode resultar em uma série de problemas. Isso

---

22 LOPEZ, J. Terry Crews, ator de 'Todo mundo odeia o Chris', relata como tratou o vício em pornografia. **Estadão**, 29 ago. 2022. Disponível em: https://www.estadao.com.br/emais/gente/terry-crews-ator-de-todo-mundo-odeia-o-chris-relata-como-tratou-o-vicio-em-pornografia/. Acesso em: 27 fev. 2024.

inclui a dependência, na qual o prazer imediato e fácil supera outras fontes de satisfação e prazer na vida da pessoa. Em alguns casos, pode haver consequências físicas, como fadiga (perda excessiva de energia vital), diminuição da libido ou até disfunções sexuais.

A passagem bíblica em 1 Tessalonicenses 4:3-5 – "Porque esta é a vontade de Deus, a vossa santificação: Que vos abstenhais da fornicação, que cada um de vós saiba possuir o seu vaso em santificação e honra, não na paixão de concupiscência, como os gentios, que não conhecem a Deus" – de fato aborda a questão da sexualidade e a importância de vivê-la de maneira responsável e respeitosa. Esse trecho é frequentemente interpretado como um chamado para que os indivíduos pratiquem a santidade e o autocontrole em suas vidas sexuais, evitando a imoralidade sexual.

Diante desse cenário, no qual milhões de almas são fisgadas pela banalização do sexo, surgiu no mundo um movimento chamado NoFap, que se posiciona firmemente contra o consumo de pornografia. O NoFap não é apenas uma campanha que incentiva a abstenção da pornografia e da masturbação; é um movimento que trouxe um estilo de vida mais consciente, focado no bem-estar emocional, físico, psicológico e espiritual, incentivando seus participantes a refletirem seriamente sobre a castidade consciente ou relacionamentos mais saudáveis, dignos e verdadeiramente gratificantes.

O PODER DA CASTIDADE CONSCIENTE

Outra forma como as pessoas lidam com a força arrebatadora da energia sexual é pela decisão consciente de fazer o voto de castidade. Para algumas pessoas, o voto de castidade é uma questão de fé e espiritualidade; para outras, de disciplina e preservação de energia vital.

Em algumas tradições religiosas – como o cristianismo, o budismo e o hinduísmo –, a castidade é vista como um caminho para a elevação espiritual; em outras, a escolha da castidade é um passo rumo ao autoconhecimento e à evolução pessoal. Abstendo-se da atividade sexual, essas pessoas direcionam sua atenção para o desenvolvimento de outras áreas da vida, como o emocional, o intelectual e o espiritual. Essa escolha pode ser vista como um exercício de autocontrole e disciplina, reorientando, mesmo que de maneira inconsciente, a poderosa energia sexual para outros objetivos e aspirações.

Algumas pessoas também adotam a castidade consciente como resposta a experiências passadas, como relacionamentos danosos ou traumas. Nesse contexto, o voto de castidade pode ser um elemento crucial em um processo de cura, ajudando-os, com o apoio profissional, a reconstruir sua relação com a sexualidade de maneira saudável e positiva.

Há também quem veja na castidade uma forma de desafiar e questionar as normas sociais. Em uma sociedade na qual a sexualidade é enfatizada de maneira vulgar e comercializada, a escolha pela castidade consciente pode ser um ato de rejeição a essas expectativas, refletindo uma postura crítica em relação às pressões sociais.

Para um expandido, o sexo é encarado não como um mero ato físico para obter prazer, mas como uma expressão sagrada de amor e conexão, reservada para momentos de compromisso genuíno e profunda ligação emocional e espiritual. Nessa perspectiva, a energia sexual é tratada com extrema reverência, como um tesouro a ser valorizado e preservado.

Os expandidos também compreendem que a luxúria indiscriminada pode ser um caminho aberto para energias e influências negativas, como a maldade, o ódio e diversos vícios que podem degenerar não apenas o indivíduo, mas também aqueles ao seu redor. Portanto, com sabedoria e discernimento, eles se dedicam a cultivar sua energia sexual com amor e devoção. Esse manejo cuidadoso e respeitoso não é apenas um ato de autocontrole, mas uma prática consciente de honrar a si mesmos e o potencial sagrado de sua energia que de maneira consciente será distribuída pelos centros de energia do corpo.

A DISTRIBUIÇÃO DOS *CHAKRAS* NO CORPO HUMANO

Na tradição do ioga, cada um dos sete *chakras* principais, localizados ao longo do corpo humano, carrega lições emocionais e espirituais específicas, essenciais para a expansão da consciência. Os *chakras* funcionam como pontes, interligando órgãos, glândulas e centros nervosos do corpo com as forças vitais que dão vida ao corpo físico.

Quando um *chakra* não está funcionando adequadamente, seja por pensamentos ou atitudes negativas, temores, sentimento de culpa ou registros na memória de mensagens autodepreciativas, os órgãos que dependem do fluxo vital desse *chakra* específico são impactados. Atitudes inapropriadas podem resultar em bloqueios, comprometendo o fluxo energético vital e, assim, afetando negativamente os órgãos relacionados.

A insuficiência do fluxo energético, causada pela hipoatividade de um *chakra*, pode se manifestar em formas físicas adversas. Essa deficiência pode levar a condições degenerativas, destrutivas ou até cancerosas nos órgãos vinculados ao *chakra* afetado. Quando um *chakra* é privado da energia necessária, os órgãos que dependem de seu fluxo energético podem sofrer consequências graves. Veja na imagem a seguir como cada *chakra* está associado a diferentes órgãos e sistemas do corpo.

DINÂMICA ENERGÉTICA DOS CHAKRAS[23]

CHAKRA	POSIÇÃO	ASPECTOS INTERNOS	FORÇAS	NATUREZA
I RAIZ	Base da espinha	Senso de realidade	Kundalini	FISIOLÓGICA
II SACRO	Abaixo do umbigo	Emoção Sexualidade	Prana	
III PLEXO SOLAR	Abdômen superior	Poder pessoal	Astral inferior	PESSOAL
IV CORAÇÃO	Região média do peito	Amor	Astral superior	
V GARGANTA	Pescoço	Comunicação Vontade	Mental inferior	
VI TESTA	Fronte	Intuição Visão interior	Forças espirituais superiores	ESPIRITUAL
VII COROA	Topo da cabeça	Busca espiritual		

---

23 GERBER, R. **Medicina vibracional**: uma medicina para o futuro. São Paulo: Cultrix, 1992.

Entretanto, se o praticante concentrar atenção excessiva em uma questão emocional específica, pode-se resultar em um fluxo energético demasiado por meio de um *chakra*. Um *chakra* hiperativo pode causar a hiperestimulação das glândulas a ele associadas, levando à superprodução de células. Esse desequilíbrio também pode se manifestar na forma de crescimento de tumores, inflamações e outros distúrbios físicos. Por isso, é essencial para um expandido estudar e compreender as lições e funções energéticas associadas a cada *chakra*. Essas informações são cruciais para manter um equilíbrio saudável e prevenir problemas físicos relacionados ao seu desequilíbrio.

Como ilustrado na imagem anterior, os dois *chakras* inferiores – o raiz (primeiro) e o sacro (segundo) – são de natureza predominantemente fisiológica; estão intimamente ligados aos processos corporais, como absorção, assimilação, excreção e reprodução. As questões principais associadas a esses *chakras* incluem o senso de realidade, a conexão com a terra, a sexualidade e os instintos de sobrevivência. Essas questões são consideradas as facetas mais "terrenas" do desenvolvimento espiritual e é essencial que o praticante as compreenda e as domine para permitir que a consciência ascenda a níveis mais elevados de espiritualidade.

As energias sutis processadas por esses dois centros são conhecidas como kundalini e prânica. Embora o *prana* circule por todo o corpo, o *chakra* sacro é considerado o ponto central de distribuição dessa energia. A energia kundalini, por outro lado, é reconhecida como a principal força de criação, manifestação e construção na consciência universal.

Os *chakras* do plexo solar (terceiro), do coração (quarto) e da garganta (quinto) são frequentemente associados a questões de desenvolvimento pessoal e formação da individualidade. As energias processadas por esses *chakras* abrangem desde a construção de um senso de poder pessoal, que influencia a autoestima e as relações externas, até o desenvolvimento de formas elevadas de amor, que englobam tanto o amor-próprio quanto o amor pelos outros e a comunicação eficaz.

Do ponto de vista energético, esses três *chakras* processam energias que se originam em diferentes níveis vibracionais: o *chakra* do plexo solar lida com energias do plano astral inferior; o *chakra* do coração, com energias do astral superior; e o *chakra* da garganta, com energias do plano mental inferior. Essa graduação de energias reflete o processo de desenvolvimento e refinamento das qualidades pessoais e espirituais.

Fisiologicamente, esses centros são responsáveis pelo controle de funções vitais, como digestão, purificação, circulação, respiração, defesas imunológicas e preservação da integridade do organismo; portanto, são fundamentais não apenas para o bem-estar físico, mas também para nosso crescimento como um todo.

Os *chakras* superiores – sobretudo o da testa (sexto), também conhecido como terceiro olho, e o da coroa (sétimo) – possuem natureza predominantemente espiritual. O *chakra* da testa desempenha um papel crucial no direcionamento das forças espirituais superiores para o terceiro olho. A assimilação de energia sutil por meio dele aprimora nossa capacidade de tomar decisões intuitivas e de desenvolver a clarividência, permitindo ao praticante enxergar além do plano físico.

Já o *chakra* da coroa, situado no topo da cabeça, ocupa a posição mais elevada entre todos os *chakras*; é particularmente ativado durante práticas meditativas ou em momentos em que o praticante busca profundamente o significado da vida. Quando ativado, esse *chakra* facilita a conexão com o divino e a compreensão dos aspectos mais elevados da existência.

Esses *chakras* superiores atuam como portais para dimensões do mais alto nível, formando um elo entre o físico e o espiritual. Ao trabalhar com esses centros, o praticante pode experimentar maior senso de unidade com o universo, uma compreensão mais profunda dos mistérios da vida e um alinhamento mais íntimo com a própria jornada espiritual.

Na dinâmica dos *chakras*, os três primeiros centros – da raiz, do sacro e do plexo solar – constituem uma tríade inferior, focada em funções fisiológicas e na conexão com a terra. E os três *chakras* mais elevados – da garganta, da testa e da coroa – formam a tríade espiritual superior.

O *chakra* do coração atua como uma espécie de elo de ligação entre essas duas tríades: inferior e superior. É por meio da manifestação da forma mais elevada de amor – amor por si mesmo, pelos outros e pela natureza – que o praticante consegue integrar as energias das esferas inferiores e superiores. A expressão final e o desenvolvimento do *chakra* cardíaco culminam no amor incondicional e na manifestação da consciência de Cristo.

Quando o praticante aprende a manipular a energia sexual, ele consegue direcionar seu fluxo e manifestar os aspectos espirituais superiores do *chakra* do coração, tornando-se um verdadeiro expandido. Essa realização não apenas promove a saúde espiritual e emocional, mas também pode levar à eliminação de doenças físicas, influenciando positivamente não só o coração e os órgãos associados, mas todo o nosso corpo físico. Portanto, a plena ativação da energia sexual e a harmonização do *chakra* do coração é vital para alcançar um estado de plenitude.

PREPARAÇÃO PARA A MANIPULAÇÃO ENERGÉTICA

Logo mais, abordarei uma **técnica de manipulação energética** e direcionamento da energia sexual. Essa técnica foi canalizada durante uma sequência de meditações transcendentais que realizei durante várias semanas. Mas, antes de praticarmos a técnica, é crucial falarmos um pouco mais sobre a natureza e a potência da energia sexual para evitar o mau uso e possíveis consequências negativas de executá-la sem a devida preparação.

Primeiramente, é importante reconhecer mais uma vez que energia sexual é, em essência, a energia da criação e talvez a força mais poderosa experimentada pelo corpo humano. Com o treinamento correto, é possível aprender a manipular essa energia e até experienciar picos energéticos intensos (os orgasmos secos) sem a necessidade de ter um parceiro ou mesmo de tocar em seu órgão sexual.

O orgasmo é um catalisador natural de bem-estar; libera endorfinas e hormônios como a ocitocina, que promovem relaxamento e felicidade, contribuindo para a redução do estresse e da ansiedade. Além disso, pode melhorar a qualidade do sono, fortalecer o sistema imunológico, aliviar dores, inclusive as menstruais, e até favorecer a saúde do coração. Já o orgasmo energético pode desbloquear os *chakras*, aumentar a vibração dos átomos do corpo, elevar nossa consciência e nos colocar em um lugar privilegiado de conexão com o divino.

É fundamental salientar que os resultados esperados dessa manipulação energética variam significativamente de acordo com a intenção, os tipos de pensamento e o nível de concentração do praticante. Quanto mais focada e imersa for a mente, mais rápidos e evidentes serão os resultados. Alguns podem experimentar resultados notáveis já nos primeiros exercícios, outros podem levar meses ou até anos para perceber os efeitos e alguns poderão nunca experimentar essa força, pois esta também está ligada ao merecimento.

É crucial lembrar também que o despertar da kundalini em nosso plano terreno não é um destino a ser alcançado, mas sim uma etapa adicional na jornada contínua de aprimoramento e descoberta. Cada passo nessa jornada requer dedicação, concentração e uma abordagem disciplinada; todavia, o prêmio será acessar em minutos lições e aprendizados que uma pessoa comum levaria anos para aprender. Portanto, ao se envolver nessa incrível prática, tenha os sentimentos mais nobres e mantenha-se atento à qualidade de sua intenção, concentração e ao seu comprometimento com a disciplina. E lembre-se: esse não é um jogo erótico, mas uma ferramenta para acessar o mundo espiritual, por isso exige responsabilidade.

TÉCNICA DE MANIPULAÇÃO ENERGÉTICA

A técnica de manipulação da energia sexual, renomada por seu potencial em desbloquear e harmonizar os *chakras*, pode ser praticada em três momentos ideais: ao amanhecer, quando o mundo ainda está em silêncio e sua mente desperta; à noite, ao se deitar, proporcionando um espaço para o dia se dissolver em calma; e nas primeiras horas da madrugada, principalmente após as três da manhã, por ser um momento livre de pressões e compromissos, favorecendo uma entrega total à prática.

Essa técnica, que pode durar de 40 a 120 minutos, demanda não só tempo, mas também presença de espírito. É crucial que a qualidade do processo supere a quantidade. Por isso, pratique-a quando estiver com os pensamentos elevados, as intenções definidas e em comunhão espiritual, pronto para enfrentar os desafios desse exercício extraordinário. Fuja da armadilha do "fazer por fazer", o que pode causar superestimulação das glândulas relacionadas à energia sexual e levar a um excesso de atividade celular, com malefícios associados. A moderação é a chave para esse exercício. Cada sessão é uma viagem de autoconhecimento, disciplina, equilíbrio e harmonia interna. Valorize cada momento com a serenidade e o respeito que ele merece.

O processo é dividido em quatro etapas:

1. Fase de ajustes;
2. Ondas de energia;
3. Estado vibracional;
4. Encontro com o *eu superior*.

A primeira é a fase de ajustes, focada em alcançar a imobilidade total, na qual você deve encontrar a postura ideal e neutralizar quaisquer estímulos físicos que possam desviar seu objetivo. A segunda etapa aborda as ondas de energia provenientes da imobilidade, com a energia percorrendo o corpo em busca de uma rota de expansão. Na terceira, exploramos o estado vibracional que surge após o acúmulo de energia, levando aos primeiros picos energéticos – lampejos da poderosa energia de criação que habita nosso ser e que poucos experimentam em tal intensidade. Por fim, na quarta e última etapa, você experimentará um surpreendente encontro com seu *eu superior*, um estado de paz no qual é possível expandir a consciência e acessar o todo, a mais pura fonte de amor e conhecimento.

PRIMEIRA ETAPA: FASE DE AJUSTES

A fase de ajuste leva em torno de 10 minutos. O objetivo é encontrar uma posição em que seu corpo permaneça completamente imóvel do início ao fim do exercício. Para iniciar, deite-se confortavelmente de costas, buscando alinhar a coluna e o pescoço. Se necessário, ajuste a postura com o auxílio de travesseiros. Relaxe os braços ao longo do corpo, permitindo que as mãos repousem suavemente sobre as coxas ou ao lado delas.

Depois, comece um processo de relaxamento consciente. Foque em cada parte de seu corpo, começando pela cabeça até chegar aos pés. Dê a ordem mental para que cada parte relaxe. Concentre-se em cada região, fazendo pequenos ajustes para garantir que nenhuma tensão ou desconforto exija um movimento posterior. Para intensificar o relaxamento, faça três respirações lentas e profundas. Repita esse processo algumas vezes até começar a sentir que seu corpo está completamente relaxado e leve, quase como se estivesse flutuando.

Fazer com que seu corpo fique absolutamente relaxado e imóvel é o objetivo, será muito fácil atingir esse estado com a prática, porém não será tão simples no início. Ao embarcar nessa jornada, prepare-se para enfrentar verdadeiras provações. A primeira, talvez a mais tangível, seja a batalha contra o impulso de se mover. Por exemplo: você está lá, imóvel, e de repente uma coceira em uma parte do corpo decide desafiá-lo. Essa situação, aparentemente simples, transforma-se em uma prova de resistência como a dos reality-shows, mas em um contexto completamente diferente. Uma simples coceira se torna algo gigante, causando uma explosão de sensações. Nesse momento, até sua alma vai querer coçar, mas é importante resistir e não se mover até que a sensação desapareça.

Lembre-se: o que está por vir é maior do que qualquer desafio momentâneo. Superar uma coceira é apenas o início. Talvez você enfrente sensações de agulhadas, incômodos, dores ou até mesmo um inseto voador pousando em você. Cada pessoa as sente de maneira diferente, são sensações toleráveis, mas que clamam por alívio, o qual só vem se você ceder e se mover. Tenha em mente que qualquer movimento, por menor que seja, reinicia todo o processo, energeticamente falando. Até o simples ato de engolir saliva deve ser evitado. Com o tempo, você perceberá que o corpo se ajusta até mesmo a esses pequenos detalhes.

Leve em conta que é normal adormecer durante o exercício por causa do relaxamento profundo. Caso isso aconteça, não se preocupe. Simplesmente retome a prática em outro momento, quando se sentir mais alerta. Depois de fazer os ajustes, avance para a segunda etapa.

SEGUNDA ETAPA: ONDAS DE ENERGIA

Ao superar a fase de ajustes – relaxar o corpo ao mesmo tempo que o mantém imóvel –, você começa a receber um "bônus" da natureza: as primeiras ondas de prazer percorrendo todo o corpo. Isso ocorre por conta da tensão energética acumulada pelo estado de imobilidade. Quando nos movimentamos, direcionamos energia para os músculos; no entanto, quando seu corpo percebe que você está determinado a não mover um só músculo, resistindo à vontade de coçar ou aliviar dores, ele busca uma nova maneira de manifestar essa energia.

Nesse momento, você começa a perceber essa energia acumulada manifestando-se com mais intensidade em várias partes do corpo, intensificando-se eventualmente na região dos quadris, onde fica o *chakra* básico e o órgão sexual. É crucial compreender que a intensidade dessa energia é gradual e crescente. Nos primeiros dias, as sensações podem ser sutis, mas, com persistência na prática e ao se manter imóvel por períodos mais longos, a energia se intensifica, levando a ondas de energia e êxtase indescritíveis que brotam na região pélvica e se irradiam por todo o corpo. Imagine um fluxo que ganha força gradualmente, culminando em um prazer tão intenso que provoca tremores e espasmos de êxtase no corpo, desencadeando múltiplos orgasmos energéticos. Essa é uma reação natural do corpo, pois a energia acumulada não consegue se manifestar por meio dos movimentos físicos.

Essa experiência é muito diferente daquela conhecida no sexo convencional. No ato sexual comum, a intensidade e a duração do orgasmo são limitadas, duram apenas alguns segundos. Por outro lado, os orgasmos energéticos vivenciados nessa técnica são indescritíveis; destacam-se notavelmente em termos de intensidade, potência, vibração e duração, e podem se prolongar por até 20 minutos.

Quando a energia estiver localizada na região dos quadris, você deve reunir todo o seu poder de concentração. Mantenha seu foco firme, porém suave, nessa área, permitindo-se sentir pulsar a energia que se concentra ali. Seja sutil nessa etapa e se lembre: não mova um único músculo. Durante essa etapa da prática, é fundamental manter um estado mental de serenidade. Tente manter o silêncio mental, eleve seus pensamentos a Deus em um plano mais elevado de consciência. Em hipótese alguma alimente a mente com imagens eróticas. Isso pode prejudicar o processo. O segredo é ter paciência; assim, a inteligência corporal fará com que essa energia se desenvolva naturalmente. A verdadeira meta aqui é uma experiência transcendental, que só é alcançada por meio de uma paciente e gradual evolução da energia.

É importante destacar que essa prática de concentração não é apenas um exercício de atenção, mas também uma forma de se conectar profundamente com essas fontes vitais de energia, preparando o caminho para um trabalho energético mais avançado e a eventual ascensão da energia kundalini por meio dos *chakras* superiores. É o que veremos na terceira fase.

TERCEIRA ETAPA: ESTADO VIBRACIONAL

Mantenha sua atenção focada em todo o corpo, sentindo uma energia suave e pulsante em harmonia com o ritmo de sua respiração. Visualize essa energia como uma luz que intensifica seu brilho a cada respiração, fortalecendo a conexão com sua energia interna e facilitando a ativação consciente da energia sexual.

Visualize agora duas poderosas ondas de energia convergindo na região do quadril: uma descendo do topo da cabeça e outra ascendendo dos pés. À medida que se encontram, formam um reservatório energético cada vez mais intenso na área pélvica. Durante esse processo, verifique constantemente se há tensão nos músculos das pernas, costas ou quadris e relaxe-os se necessário.

Conforme essas ondas continuam a se acumular, imagine uma leve sensação de calor nessa área, mantendo a mente livre de pensamentos e focada na intensidade e na repetição desse fluxo energético. Prossiga com essa visualização até sentir a energia pulsando autonomamente na região pélvica, indicando uma iminente liberação, semelhante ao clímax de uma relação íntima.

Nesse estágio avançado, você pode sentir uma forte corrente de excitação, refletida por uma respiração mais profunda e um aumento do ritmo cardíaco. Mantenha-se imóvel, com a mente calma e focada no quadril, enquanto a energia envolve seu corpo, manifestando-se em diferentes *chakras*. Concentre-se nas sensações internas, permitindo que se intensifiquem, mantendo, contudo, a consciência no processo. Este é um momento crucial para manter a disciplina e a concentração.

Ao atingir o pico da energia, inicie uma nova fase de visualização: um fluxo energético, como um impulso elétrico, partindo da nuca, descendo pela coluna e retornando rapidamente. Sinta esse impulso como a faísca que detona a energia acumulada no quadril. À medida que se concentra nesse fluxo, você experimentará uma intensa explosão energética. Desafie-se a aprofundar a prática a cada sessão, notando como seu corpo começa a vibrar sutilmente. Essa vibração, iniciando nas pernas e se espalhando pelo corpo, pode culminar no *chakra* ajna, o terceiro olho. Esse momento do exercício é muito importante, marca uma conexão profunda com suas energias internas e abre portas para uma percepção mais aguçada, clareza mental e conexão com o *eu superior*.

QUARTA ETAPA: ENCONTRO COM O *EU SUPERIOR*

Para chegar a essa etapa, talvez você já tenha experimentado alguns picos de orgasmos energéticos, e um estado vibracional involuntário se espalha por todo o corpo, fazendo pulsar os *chakras*, sobretudo o terceiro olho, que fica na região entre as sobrancelhas. Saiba que é nessa etapa que as coisas começam a ficar ainda mais interessantes, pois o processo ainda não terminou. Você permanece deitado, imóvel, e as vibrações involuntárias eventualmente cessam, deixando você em um maravilhoso estado de quietude no qual nenhuma sensação física o incomoda. Você percebe seu corpo calmo, transformando-se em um lago energético, poderoso e sereno.

Com o corpo tranquilo, você notará como é mais fácil observar a mente, que, quando em ação, gera uma miríade de pensamentos, músicas e preocupações em forma de diálogos internos intermináveis. É o momento em que experimenta o metapensamento, um conceito da Filosofia da Mente no qual você finalmente assume o controle da mente e escolhe pensar, não pensar, aumentar o volume, diminuir, trazer para perto ou manter as imagens mentais longe de você. É um estado no qual você está pronto para manifestar tudo de bom que deseja que aconteça em sua vida, porque nesse estado você está em total expansão da consciência e o universo está pronto para atender seus pedidos.

Contudo, é preciso ficar atento: a influência negativa do ego pode ser o último desafio a ser vencido nessa etapa. E como saber se é você ou o ego quem está liderando as construções mentais que estão ocorrendo? É simples descobrir. O ego é aquela voz que coloca dúvidas em seus projetos e sempre duvida de sua capacidade de realizar sonhos; questiona sua condição física, intelectual, seu merecimento; indaga sua fé e ativa a memória de situações em que você não pôde vencer. A voz do ego pode trazer sentimentos de culpa, medo, impotência e outros fatores que sabotam, mas também pode ser traiçoeira e tentar convencê-lo de que alcançou um estado de iluminação, de que você é o máximo e não precisa de ninguém. Isso não é verdade, pois muitas vezes necessitamos das relações humanas para conseguir nossos objetivos.

Por outro lado, a linguagem do *eu superior* é a linguagem do amor. Assim, para saber se os pensamentos ou as imagens mentais que surgem são da esfera divina, verifique se estão revestidas de amor, bondade, humildade, perdão, retidão, serviço ao próximo e outras virtudes ensinadas pelo grande mestre Jesus em seus sermões. Se estiverem, então com certeza esta é a linguagem do universo, e seu poder de manifestação é extraordinário.

Quando restar apenas o *eu superior* observando tudo dentro de você em um silêncio profundo e absoluto, você estará verdadeiramente em conexão com o todo. Nesse silêncio revelador, comece a explorar seu reino interno. Mantenha-se imóvel e em silêncio o máximo de tempo possível. Quando o ego eventualmente retornar, sua percepção será diferente. Agora você conhece seu ego e pode deixá-lo fora de seu espaço mental de criação.

Ao observar o silêncio e com a mente "domada", surge a compreensão: não é necessário lutar contra o ego ou desejar eliminá-lo. Nessa fase de conexão com o todo, peça orientação ao universo e seja um mentor para seu ego; concentre-se em emitir mentalmente afirmações de comando que reflitam sua intenção e consciência elevadas e promovam uma reprogramação em crenças antigas e limitantes. De mãos dadas com o ego, declare para si mesmo comandos mentais como: *Eu sou o amor; eu sou a bondade; eu sou a compreensão; eu sou o perdão; está tudo bem agora; eu sou a expansão e o contato com a inteligência universal; eu sou a saúde; minha vida segue um fluxo de prosperidade e abundância; eu me amo; eu amo* [pense nas pessoas a quem você deseja direcionar parte dessa energia de criação].

Essas afirmações ajudam a canalizar a energia de modo construtivo, permitindo que você experiencie a verdadeira manifestação dessa poderosa força, uma energia que poucos terão o privilégio de acessar. Os benefícios associados a essa prática incluem alegria, disposição e saúde. Com os pensamentos elevados, use a mente para construir as imagens da vida incrível que você deseja experimentar. Use os cinco sentidos para alcançar o máximo de realidade e experimente cada sensação daquilo que você sonhou. Fique o tempo que desejar nessa nova realidade construída dentro de você. Divirta-se com o poder de manifestação.

Quando sentir que é o momento de concluir a meditação, inicie o processo de retorno ao estado consciente com suavidade e cuidado. Comece movimentando lentamente os dedos das mãos e dos pés, trazendo a consciência de volta ao corpo físico. Espreguice-se gentilmente, liberando qualquer tensão residual, e abra os olhos devagar, acostumando-se ao ambiente ao seu redor. Ao se levantar, sinta-se renovado, mais saudável e energizado, pronto para abraçar com gratidão, equilíbrio e amor todas as experiências que a vida lhe reserva.

Se você conseguiu experimentar o clímax durante essa prática, parabéns por sua dedicação e controle. Além de ser uma fonte profunda de prazer, esse estado oferece uma série de benefícios para a saúde, como a liberação de endorfinas que promovem bem-estar, alívio do estresse e uma sensação geral de alegria e vitalidade. Essa experiência é um testemunho de sua capacidade de foco e disciplina na aplicação do exercício.

Caso ainda não tenha atingido o êxito proposto, lembre-se de que a prática, a persistência e, principalmente, a concentração são chaves para o sucesso, não apenas nesse exercício, mas em qualquer jornada de crescimento pessoal e espiritual. Não se desencoraje – cada tentativa é um passo adiante em seu caminho de autodescoberta e desenvolvimento.

Sua jornada de evolução e crescimento continua a cada dia, e toda prática é uma oportunidade para aprofundar sua compreensão e conexão com seu *eu superior*.

SINAIS DE EXPANSÃO

Ao praticar o Ritual de Estímulo da Energia Kundalini, você não apenas desfrutará dos benefícios relacionados à liberação de hormônios no cérebro como também experimentará um profundo amor e conexão consigo mesmo. Essa prática traz um sentimento de paz interior, silencia a mente e intensifica a percepção dos sentidos, tanto físicos quanto dos planos sutis.

Além disso, você vivenciará um estado vibracional elevado ao longo do dia, o que facilita a conexão rápida e harmoniosa com o *eu superior*, na qual poderá visualizar seus sonhos e desejos, e com os elementos da natureza, com os quais poderá obter a cura física e emocional. Com atenção e sensibilidade, você pode atrair e até perceber uma comunicação mais clara com os seres de luz. Essa prática oferece uma oportunidade única para explorar dimensões mais profundas de sua consciência e estabelecer uma relação mais íntima com o mundo ao seu redor e com as forças espirituais.

Ao se dedicar ao Ritual de Estímulo da Energia Kundalini, você abre as portas para um mundo de autoconhecimento, tranquilidade e conexão espiritual, enriquecendo sua jornada de crescimento e evolução.

PROTOCOLO DE APLICAÇÃO DOS RITUAIS

GUIA PRÁTICO PARA INTEGRAR RITUAIS NA ROTINA DIÁRIA

Este protocolo é concebido para auxiliá-lo na integração dos rituais abordados aqui em sua rotina diária. A chave é a adaptabilidade: ajuste esse protocolo conforme suas necessidades e tempo disponível. Não é necessário realizar todos os rituais diariamente. Confie na sabedoria de seu corpo e na intuição para escolher aqueles que mais ressoam com você em cada momento.

MANHÃ

RITUAL DO RENASCIMENTO (10-20 MINUTOS)

Ao despertar, dedique um momento para se conectar com a respiração. Visualize-se abrindo as portas de sua consciência para novos aprendizados e renascendo para um dia repleto de possibilidades. Inicie com uma leitura reflexiva dos ensinamentos de Jesus no Sermão da Montanha.

RITUAL DO SOL (5-10 MINUTOS)

Aproveite a energia matinal do sol. Sinta a luz solar aquecendo sua pele, energizando seu corpo e seu espírito. Defina uma intenção positiva para esse momento e para seu dia e depois agradeça pelas lições valiosas que a vida lhe proporciona.

MEIO DO DIA

RITUAL DE RESPIRAÇÃO (5-10 MINUTOS)

Em uma pausa do dia, pratique respirações profundas e conscientes. Essa prática simples oxigena o corpo e traz clareza à mente.

RITUAL DE CONCENTRAÇÃO (10-15 MINUTOS)

Escolha um foco – seja um objeto, seja um pensamento – e se concentre intensamente nele, treinando sua mente para permanecer no presente.

182 EXPANDIDOS

FINAL DA TARDE

RITUAL DE CONEXÃO COM A NATUREZA (15-30 MINUTOS)

Conecte-se com a natureza. Caminhe ao ar livre, entre em sintonia com a terra, as árvores e os seres vivos. Permita que sua intuição dialogue com esses elementos naturais.

RITUAL DE PURIFICAÇÃO DO CORPO (DURAÇÃO VARIÁVEL)

A qualquer hora do dia, veja cada ato de cuidado pessoal – por exemplo, banhar-se, alimentar-se e se hidratar – como uma oportunidade de purificação e renovação energética.

NOITE

RITUAL DE MEDITAÇÃO (15-30 MINUTOS)

Antes de dormir, dedique-se à meditação. Escolha uma meditação guiada, o foco na respiração ou mantras para equilibrar seu ser, reduzir a ansiedade e o estresse.

RITUAL DE ESTÍMULO DA ENERGIA KUNDALINI (DURAÇÃO VARIÁVEL)

Na hora de dormir, inclua os exercícios específicos que discorremos aqui para ativar a energia kundalini e proporcionar a manipulação energéticas e o contato com o *eu superior*.

DICAS ADICIONAIS

- Comece com um ou dois rituais, incorporando outros gradualmente à sua rotina;
- Persista: os resultados podem não ser imediatos, mas o comprometimento trará recompensas significativas;
- Mantenha um diário para registrar suas experiências e progressos com os rituais;
- Seja gentil consigo mesmo: se em algum dia não conseguir realizar um ritual, retome-o quando possível.

Esse protocolo é um convite para que você explore e descubra o que melhor funciona para você. Cada ritual é uma ferramenta poderosa para expandir a consciência e se conectar com seu eu mais profundo.

CAPÍTULO 13

AS CHAVES DO REINO INTERNO

"Alegrai-vos e sejam imensamente felizes, porque é a vosso recompensa no céu; pois assim perseguiram os profetas que foram antes de vós."
MATEUS 5:12

EU ESTAVA NO TERRAÇO DE UM PRÉDIO À BEIRA-MAR, CERCADO de familiares e amigos, todos nós ansiosos pela queima de fogos do Revéillon. Girando um cubo de gelo no copo de whisky, eu me envolvi em conversas sobre sucesso, dinheiro, política, mercado e outros temas ligados ao mundo dos negócios. Foi quando um amigo, Guilherme, aproximou-se discretamente, ouvindo nossa discussão por algum tempo antes de intervir com uma frase que mudaria para sempre minha vida: "Existem dois mundos: o que conhecemos e outro, oculto, envolvendo a espiritualidade, um universo completamente desconhecido para a maioria e que eu descobri em uma cerimônia indígena com ayahuasca".

"Ayahuasca?", perguntei, intrigado. Apesar de ter vivido mais de trinta anos em uma cidade próxima a uma aldeia indígena, nunca tinha ouvido falar desse termo. O que realmente capturou minha atenção não foi a medicina em si, mas a ideia de "outro mundo" que Guilherme mencionara. Um mundo que não se relacionava com negócios, dinheiro, investimentos, política ou ações. Um mundo distante da rotina exaustiva de reuniões e gestão que ultimamente vinha drenando minha energia vital e levando-me a questionar: *será que tanto trabalho realmente vale a pena?*

Se você também experimenta esses questionamentos existenciais, saiba que eles não são apenas valiosos, mas também essenciais para a vida. Todos nós deveríamos nos permitir ter mais dessas conversas introspectivas. Elas abrem nossa mente para a possibilidade de que a vida e a experiência humana podem abranger dimensões que transcendem o tangível e o material de nosso cotidiano.

Diferentemente da sociedade que somente olha para fora, essa jornada introspectiva em direção ao autoconhecimento e à compreensão de seu universo pessoal é um convite para questionar e reavaliar crenças, valores e a própria natureza da realidade. Ao nos abrirmos para esses questionamentos, podemos descobrir caminhos inesperados e experiências enriquecedoras, que nos proporcionam uma compreensão mais ampla e integrada de quem somos e do papel que desempenhamos no palco da vida. É a expansão acontecendo!

Nos vinte e cinco anos anteriores, minha vida tinha sido um exemplo de abundância em todos os sentidos, com prosperidade financeira nunca experimentada por nenhum membro de minha família. Eu estava no auge da carreira. Sentia o poder e o orgulho de ter uma conta bancária com dinheiro para me aposentar, da enxurrada de ofertas e agrados que recebia das empresas que me contratavam, das pessoas famosas que conhecia e da capacidade financeira de desfrutar qualquer experiência que me atraísse, fosse uma ida ao shopping para comprar qualquer coisa sem me preocupar com o preço, um carro importado zero quilômetro ou uma viagem de primeira classe para qualquer canto do mundo. Eu tinha tudo aquilo ao meu alcance.

Quem olhava de fora tinha certeza de que eu estava vivendo no mundo perfeito, de fama, sucesso e poder. No entanto, nos bastidores, eu experimentava um vazio, uma insatisfação que minha riqueza material não poderia preencher. Apesar de toda prosperidade, sentia-me desconectado, deslocado daquele mundo de abundância. As conversas de empresários sobre dinheiro, conquistas materiais, viagens e negócios se tornaram exaustivas para mim, pois via nelas apenas ambição e disputa de ego.

Não posso negar minha gratidão por tudo que a vida me proporcionou. Minha infância pobre e a subsequente ascensão financeira me deram um milhão de razões para ser grato. Contudo, por mais que eu merecesse o que havia conquistado, ainda sentia que faltava algo essencial. Era como se, em meio a todo esse sucesso e riqueza, eu estivesse buscando um propósito mais profundo, algo que desse verdadeiro sentido à minha existência além dos triunfos materiais.

Minha ascensão teve início exatos vinte e cinco anos antes daquela marcante festa de Réveillon, no período em que me encontrava desempregado e na busca incansável de oportunidades. Foi nesse contexto de luta que um amigo me apresentou o Gilberto, um terapeuta de aparência indiana e especialista em parapsicologia. Gilberto não apenas me atendeu, como também me apresentou o magnífico mundo da espiritualidade.

Em um dos primeiros encontros, Gilberto fixou seus olhos em mim e declarou: "Sua ancestralidade tem raízes no Egito". Essa afirmação me surpreendeu profundamente, pois ele desconhecia minha longa fascinação pelas relíquias e monumentos egípcios – um interesse que remontava à minha infância, quando eu colecionava recortes de revistas sobre o assunto.

Aquela experiência foi apenas o começo. Continuei visitando Gilberto e, com outros amigos, formamos um grupo de pesquisa dedicado ao estudo e à prática de ritos espirituais.

Antes de me aventurar pelo caminho do esoterismo, eu não só enfrentava o desemprego e a dependência financeira como também buscava ardentemente um propósito para minha vida. Descobrir a espiritualidade foi como encontrar uma chave mágica que abriu as portas para um reino interno até então desconhecido. Essa experiência marcou meu primeiro grande passo na expansão da consciência.

Com nosso dedicado grupo de estudos, mergulhamos profundamente no universo da espiritualidade, explorando técnicas como projeção astral, meditação e visualização de aura, alinhamento de *chakras*, entre outros. Nossas práticas se estendiam madrugada adentro, enquanto eu navegava por territórios mentais inexplorados. Apesar de ser um processo exigente e, muitas vezes, de avanços lentos, eu me apaixonei por essa nova faceta do meu ser. A possibilidade de explorar um mundo inteiramente novo despertou em mim um entusiasmo sem igual, um propósito e uma sensação de vitalidade.

Aquela jornada espiritual não apenas alargou os horizontes de minha consciência, mas também trouxe repercussões positivas em todas as áreas de minha vida. Não só encontrei um emprego naquela época como também me vi imerso em uma corrente de energias positivas, abundância e prosperidade que ultrapassavam os limites dos meus sonhos mais audaciosos. Essa onda de sucesso e bem-estar perdurou, levando-me, enfim, àquela cena na cobertura diante do mar em plena virada de ano, com um copo de whisky na mão. Eu era a imagem do sucesso, com aura de poder e riqueza, mas por dentro sentia um vazio, uma insatisfação que não conseguia compreender. O que havia mudado? Onde eu tinha errado na minha busca por um propósito genuíno?

Meu primeiro encontro com a expansão da consciência e da espiritualidade me ensinou uma lição fundamental: "Com Deus, tudo. Sem Deus, nada". Em outras palavras: ao nos aproximarmos das coisas de Deus e ao cultivarmos nossa vida espiritual, todas as áreas de nossa existência florescem. Por outro lado, o distanciamento desse caminho espiritual parece levar a uma sequência de adversidades, culminando, muitas vezes, em doenças. Essa foi uma lição que assimilei com uma clareza surpreendente.

O sucesso que alcancei, em contraste com a escassez de minha infância e juventude, acabou me deslumbrando. Eu vesti a armadura do empresário, lancei-me no mundo dos negócios com dedicação total, ocupando cada minuto do meu tempo, até que não sobrou espaço para o que realmente importava: a busca pelas coisas de Deus, a meditação, a oração, o agradecimento. No fim daquele ciclo de vinte e cinco anos de prosperidade, minha primeira jornada espiritual havia se tornado uma lembrança distante, negligenciada em meio à minha ambição cega e desmedida.

São nos momentos de silêncio interior, quando notamos que nossa vida se parece com um passeio de caminhão pela beira de um penhasco e que algo de ruim está prestes a acontecer, que clamamos a Deus com todo o nosso coração. É nesses momentos em que abrimos o coração a Deus que seus anjos aparecem. E foi em meio a uma dessas ocasiões que meu amigo Guilherme, como um mensageiro inesperado, proferiu a frase que me colocaria de volta no caminho da espiritualidade.

A menção da existência de um mundo oculto foi como um gatilho que ativou todas as memórias de minha antiga jornada espiritual e despertou em mim um desejo profundo de reconectar com aquele lado esquecido da vida, de explorar realidades que eu já havia experimentado antes e que nos levavam além do mundo material. A fala do Guilherme agiu como um despertar, lembrando-me de que há mais coisas no mundo do que nossos olhos podem ver e que a jornada espiritual é um caminho essencial para a verdadeira autorrealização.

Quantas vezes a espiritualidade bateu à sua porta, mas você não a escutou porque estava "ocupado" com as coisas do mundo ou sua mente se apressou em reinterpretar o chamado, traduzindo-o como um típico "nada a ver"? Eu poderia ter passado a virada de ano com minha família em qualquer lugar do mundo, mas algo maior me guiou para aquela cidade, para aquele local específico. Olhando tudo o que aconteceu com calma, parece que um arquiteto do astral colocou todas aquelas pessoas naquela festa e, talvez, um anjo tenha se manifestado através de meu amigo para me transmitir exatamente a mensagem que eu precisava ouvir, dando-me a resposta para um sentimento de vazio que queimava dentro de mim.

CORAGEM DE SE JOGAR

Feliz é aquele que desperta sua intuição! Pergunte algo a Deus, fique o tempo todo presente e sua intuição falará alto. Muitas vezes, a resposta virá em forma de eventos cuidadosamente orquestrados para fisgar você, para mostrar que Ele o tempo todo cuida de nós e só precisamos estar despertos e deixar a intuição nos mostrar.

Existe o ditado popular: "Deus escreve certo por linhas tortas". Embora essa frase não seja encontrada na Bíblia e sua origem exata permaneça incerta, quem está desperto reconhece o valor contido em suas palavras. Essa frase sugere que, mesmo por meio de eventos que parecem errados ou desfavoráveis, há a mão divina nos guiando para um propósito final benéfico, correto e, principalmente, de caráter evolutivo. É um lembrete de que, por trás das aparências e dos acontecimentos do dia a dia, pode haver uma direção espiritual maior, um farol que nos conduz à realização de um propósito mais elevado e significativo.

Viver é como atravessar uma cadeia de montanhas, repleta de desafios, altos e baixos, momentos de tranquilidade e outros de dificuldades. Se não fosse assim, se a vida fosse linear, não haveria lições nem aprendizados e nada mais faria sentido. Essa dinâmica é pedagógica para todos os seres da natureza, pois até mesmo os mais evoluídos enfrentam seus desertos de vez em quando e continuam crescendo por causa disso.

Em alguns momentos está tudo bem, em outros você vai se incomodar, e é aí que habita o milagre da vida. Você tenta controlar o jogo só para descobrir no final que é impossível controlar tudo. Dizer que "Deus tem um plano para nossa vida" pode parecer reconfortante, mas talvez não reflita inteiramente a realidade. Deus não nos manipula com seu "braço mecânico imaginário" que nos arranca do sofá para nos lançar no deserto. Em vez disso, somos nós que fazemos nossas próprias escolhas e são elas que nos lançam nas experiências boas e ruins da vida. E está tudo bem se a dinâmica é essa! Viemos a este mundo para experimentar, comparar, aprender e evoluir. Por isso, devemos nos jogar e encarar as experiências. Se tivermos a certeza de que existe alguém maior olhando por nós, magnífico, nós podemos nos jogar!

Portanto, essa "autonomia" que ganhamos de cuidar do próprio nariz não é um erro do universo, pelo contrário, é a essência de nossa existência – é o que conhecemos por livre-arbítrio. Cada escolha que fazemos vai nos levar a um caminho diferente. É o "jogo da vida" real se desdobrando diante de nossos olhos, no qual cada experiência, cada choro, cada sorriso, cada conquista, cada decepção, cada vitalidade e cada doença nos ensina algo valioso. É só você meditar, perguntar e escutar seu coração.

Em vez de paralisar diante de obstáculos, talvez devêssemos abraçar a liberdade de nos jogar com responsabilidade e encarar as dádivas do livre-arbítrio. Porque, ao chamarmos para nós essa responsabilidade, assumimos que o "plano de Deus" para nossas vidas, no fim das contas, era apenas entender que nós somos os autores de nossa própria história. E, se por alguma razão, nos sentirmos perdidos no deserto, Ele estará ali presente por meio do sol, do vento, da tempestade de areia, das ameaças e tentações das serpentes nos fazendo mudar de direção até conseguirmos enxergar o oásis. Ele nunca nos abandona. Por isso devemos expandir nossa consciência, pois é nela que encontramos o portal de conexão com o divino.

Diante da vastidão do universo e da sabedoria de Deus, somos pequenos grãos de areia na beira de um oceano infinito. Todos os dias nos levantamos, nos vestimos com nossas armaduras e enfrentamos o mundo. Lutamos incansavelmente não para ter mais dinheiro, nem para ter mais sucesso tampouco para ganharmos fama. No fundo, lá em nosso íntimo, somos impulsionados mesmo pelo profundo desejo de que as coisas fiquem bem – não apenas para nós, mas para todos que nos cercam. Lá no fundo da alma queremos que tudo dê certo para nossos pais, filhos, irmãos, amigos e até mesmo nossos inimigos. Porque, em nosso íntimo, somos todos um, interconectados energeticamente, uma verdade universal que nos escapa com frequência.

Em cada ação, mesmo em nossos erros e imperfeições, o que realmente buscamos é honrar alguém. Honrar nossos pais, orgulhar nossos filhos e viver em paz com nossos parceiros. Erramos tentando acertar. E está tudo bem errar. Para o universo, somos apenas crianças aprendendo a engatinhar. Por isso, tenha coragem de se jogar e de abraçar as experiências. Porque no cerne de todas as nossas ações, por mais falhas que sejam, existe um impulso de amor. Foi o amor que me moveu a escrever este livro, é o amor que move você a receber esta mensagem e tudo mais o que o ser humano põe a mão. Porque o amor, no fundo, é o desejo de que tudo dê certo.

AS CHAVES DO REINO INTERNO

Essa compreensão revela uma verdade sobre a humanidade: apesar de nossa aparente força, no fundo, somos movidos por um desejo fundamental de amar e servir.

Pense na pior das pessoas e encontrará nela esse desejo, por mais detestável que tenham sido seus atos. Só quem ouve os preceitos de Jesus consegue enxergar essa verdade. Tudo o que fazemos, no fim das contas, é motivado por esse anseio universal de amar e ser amado, de pertencer e de fazer a diferença na vida daqueles que nos cercam. "Amai os vossos inimigos, abençoai os que vos amaldiçoam, fazei o bem aos que vos odeiam, e orai pelos que vos tratam com maldade, e vos perseguem; para que sejais filhos do vosso Pai que está nos céus" (Mateus 5:44-45).

Jesus Cristo foi um ser iluminado; o maior dos expandidos, cuja generosidade nos legou um mapa valioso para guiar nosso comportamento e nos ajudar a discernir nosso merecimento. Seus sermões, repletos de sabedoria e compaixão, nos ensinam sobre a importância da humildade, disciplina, persistência, paciência, mansidão e caráter. Portanto, jogue-se nas experiências, porque Jesus já antecipou o que vai acontecer.

Sempre que você estiver em aflição, erga a cabeça e abrace a experiência. A sabedoria de Cristo é uma bússola para os expandidos, um farol que ilumina o caminho de volta para o oásis, para nosso verdadeiro ser e para a conexão com o divino que reside em cada um de nós.

VOCÊ MERECE O MELHOR PRESENTE!

Você está prestes a receber um presente da vida.

"O que será?", você pergunta. Muitas opções passam por sua cabeça: a roupa, o perfume, o novo celular, o prêmio da loteria. Você sabe que, por mais que essas coisas sejam importantes, elas não significam nada perto de presentearmos a alma. Você já parou para perguntar o que sua alma deseja? Deixe-me ilustrar com o exercício a seguir.

Pense em como deve ser a vida do homem mais rico do mundo? É aquele que pode dormir quando escurece, acordar a hora que quiser, vestir-se com o que tem, comer quando sente fome, beber quando tem sede. Se ele precisar de dinheiro, basta pedir. Ele não se preocupa com o futuro e vive o tempo todo no presente e não tem medo de nada, simplesmente porque ele não tem nada a perder, a não ser sua alma.

Se você parar para pensar, os mendigos que perambulam pelo mundo também não tem nada a perder, mas eu quero que você vá além do óbvio: se analisar bem tudo que descrevi, entenderá que estou falando do "conceito" de viver com tempo e liberdade – tempo para fazer o que quiser e liberdade para viver sua vida como quiser. A única barreira para os mendigos que tanto se encaixaram na descrição é o acesso aos lugares onde o "tíquete" é o dinheiro. Tirando isso, na simplicidade de suas vidas, eles possuem tudo de que precisam.

Muitos ricos que conhecemos possuem tudo, menos uma alma. Olhe para os discípulos de Napoleon Hill, onde estão neste momento, senão vendendo suas almas para conseguir mais e mais dinheiro? Acordando cedo, antes de o sol nascer. Chegando em casa tarde. Vestindo roupas de acordo com o personagem que tem que "representar" naquele dia. Comem de tudo, o tempo todo. Não sobra tempo para a família, para os filhos, pois vivem como escravos correndo o tempo todo atrás de dinheiro para sustentar seu caríssimo estilo de vida e patrimônio. Homens que raramente tiram férias. Um dia, eu caí nessa armadilha. Hoje, não mais.

O que é riqueza para você? Para muitas pessoas, liberdade é ter muito dinheiro, pois com dinheiro elas podem tirar uns poucos dias de folga, viajar, comer e comprar o que quiser. Entretanto, são essas pessoas que no leito de morte trocariam absolutamente tudo que construíram na vida por um pouco mais de tempo. O tempo de vida é a maior riqueza e o tempo de qualidade é o melhor presente para a alma.

Seus imóveis, suas empresas, seus carros, barcos e aviões, suas roupas de marca, nada disso é seu, nem de seus filhos nem dos netos. Na verdade, tudo que temos é da terra. Até mesmo nosso corpo físico não nos pertence. Somos seres espirituais vivendo uma experiência terrestre. Nosso maior tesouro está dentro de nós; para encontrá-lo, é preciso foco, disciplina e tempo.

Em Lucas 12:48, temos o trecho que diz: "a quem quer que muito for dado, muito será requerido dele". Aqueles com mais recursos, incluindo riqueza, têm maior responsabilidade em usá-los de maneira justa e benevolente. Em 1 Timóteo 6:17-19, temos o texto:

> manda aos que são ricos neste mundo que não sejam altivos, nem confiem na incerteza das riquezas, mas no Deus vivo, que abundantemente nos dá todas as coisas para deleites; que façam o bem, que sejam ricos em bons trabalhos, prontos a repartir, dispostos a se comunicar; que entesourem para si mesmos um bom fundamento para o futuro, para que possam alcançar a vida eterna.

O reino interno é a maior riqueza dos expandidos. Se tirássemos suas roupas e fizéssemos desaparecer seu corpo, o que restaria? Sua alma, persistente e imutável, revelando uma verdade fascinante: nosso corpo, forjado com a mesma matéria das estrelas, é mais espaço vazio que matéria sólida. Essa "solidez" que percebemos não passa de energia vibrando lentamente. Esse "eu", tal como o conhecemos e que tanto valorizamos por meio de nosso ego, na verdade nunca existiu.

Os elétrons de seu corpo interagem e dançam com os elétrons do chão sob seus pés e do ar que você respira, desafiando a ideia de "onde eu termino e o outro começa". Na verdade, nada termina e nada começa, estamos todos ligados na mesma teia de energia. Descobrimos que somos energia pura, não apenas memórias ou personalidades vagando neste mundo. Pense bem: nossos nomes, nossas escolhas, tudo isso veio depois de nossa verdadeira essência. Nós já existíamos no plano de Deus antes de todas essas "personalidades" que criamos, e continuaremos a existir além delas.

Nosso maior tesouro não são as coisas que acumulamos ao longo da vida, mas sim o que somos em nossa essência mais pura. Você, meu filho, minha mãe, meu pai, todos os seres que existem ou já existiram – cada planta, cada animal, cada átomo, cada estrela, cada galáxia – e eu somos todos fragmentos de uma única e grandiosa existência. Há mais galáxias no universo do que grãos de areia nas praias – é nessa vastidão incomensurável que encontramos o que chamamos de Deus. Essa percepção expandida nos leva a compreender que somos, em essência, perfeitos.

Ao compreender nossa perfeição, percebemos que os presentes materiais que desejamos e valorizamos – roupas novas, uma casa bonita, um prato diferente – são apenas aspectos superficiais da existência. Ao olharmos para nossos corpos, nosso reino interno e para o universo ao redor, descobrimos que os verdadeiros presentes que podemos receber são os mais simples. É o sorriso da criança, o abraço dos filhos, a acolhida dos amigos, o afeto de nossos pais, tudo sobre as pessoas e as coisas que elevam nossa energia.

Veja um exemplo: combinando as propriedades de armazenamento energético da água com a capacidade da luz solar de carregar objetos com energia prânica, temos a oportunidade de extrair da natureza frequências curativas fundamentais. Os remédios etéricos criados por meio dessa harmonia entre água e luz solar têm efeitos fisiológicos sutis, mas poderosos; não apenas agem no corpo físico, mas também tocam nossa essência energética, promovendo cura e equilíbrio. E aí está a verdadeira riqueza e poder: a capacidade de se conectar e utilizar as energias da natureza para o bem-estar e a harmonia. Ao reconhecer nossa conexão íntima com tudo que existe, abrimos as portas para um mundo onde a cura, a beleza e a perfeição são onipresentes, um reflexo da unidade divina que permeia toda a criação.

Sempre que possível, dê a si mesmo tempo de presente. Dedique um momento para absorver o sol da manhã, revitalizando-se com sua luz e energia. Inspire a energia positiva que está ao seu redor. Conecte-se com a natureza, ouça seus conselhos. Agradeça pela vida. Faça uma oração. Tome um copo de água que você mesmo energizou com as próprias mãos e com o poder de suas orações feitas de coração. Permita-se sentir os efeitos curativos dessa água, reconhecendo que são os melhores presentes que você pode oferecer ao seu corpo. Depois de dar-se esses verdadeiros presentes para alma, saia de casa e, aí sim, vá cuidar das coisas materiais, mas agora vestindo sua armadura de amor.

CUIDE DE SUA SAÚDE MENTAL

O caminho da expansão da consciência nos leva a uma jornada interior profunda, na qual descobrimos as maravilhas de viver com propósito, amor, perdão, empatia e compaixão. Esses são os pilares que iluminam nosso ser e nos conectam com a essência da vida. No entanto, essa jornada pode, muitas vezes, ser também solitária, pois quando expandimos nossa consciência podemos ser vistos como alguém feliz demais, grato demais, resiliente demais, otimista demais, amável demais, ou seja, fora do padrão social. Entretanto, reflita: quem será que está vivendo fora do padrão?

Quando falo em padrão social, imediatamente me lembro de uma agência de propaganda que tentou nos empurrar a ideia do "mundo perfeito". Lembro-me imediatamente do incrível "Mundo de Marlboro",[24] a campanha da marca de cigarros que, por décadas, mostrou o estilo de vida de um super-humano, alguém que vivia uma vida incrível de aventuras e que sempre terminava com pose imponente e um cigarro Marlboro na mão. A marca estava em todos os canais de televisão e eventos esportivos, e o comportamento dos atores arrastava milhões. Mas vem a pergunta: era um estilo de vida saudável? Com toda certeza, não.

Pare e reflita um pouco sobre sua rotina. Você acordou naturalmente seguindo o fluxo natural do amanhecer, o que seria o modo correto, ou foi despertado pelo grito estridente do alarme de cabeceira? Ao se levantar da cama, você reservou alguns minutos de meditação ou logo pegou o celular para ficar por dentro das notícias que as agências "selecionaram" para você? Não vou me estender nos exemplos, porque, se analisar bem, praticamente nada do que você escolhe ou faz tem a ver com sua alma e verdadeira essência, mas, sim, com uma tentativa de manipulação para viver de acordo com padrões impostos por outros… perseguindo as metas dos outros.

---

24 COMERCIAL da Marlboro. [*S. l.*], 9 nov. 2021. Facebook: Nostalgiando @nostalgiiando. Disponível em: https://www.facebook.com/watch/?v=583 389779597043. Acesso em: 28 jan. 2024.

Viver seu verdadeiro propósito é viver com uma bússola interior que guia cada passo. É sobre encontrar aquilo que faz seu coração cantar e traz significado à sua vida. É isso que chamamos de saúde mental. Pergunte a si mesmo: o que faz você acordar de manhã com entusiasmo? Quais são suas verdadeiras paixões e habilidades que fazem de você um ser humano único? Na sociedade em que vivemos, a autenticidade deu lugar a um ser totalmente manipulado que segue cegamente as regras. Um expandido respeita as regras dos homens, mas entrega totalmente sua vida às regras celestiais, ele é um explorador que sabe exatamente onde pisa.

Para um expandido viver sua autenticidade, ele precisa ter em mente que, em um mundo de dualidades, o amor – que não tem um oposto e, portanto, é totalmente neutro – é o verdadeiro núcleo de nossa existência. Ser autêntico é cultivar relacionamentos saudáveis; servir ao próximo sem esperar nada em troca; e praticar o amor-próprio. Não é deixar de cumprir os deveres que necessitamos para colocar o alimento na mesa, mas administrar seu dia de maneira que você possa reservar um tempo para cuidar de você, servir ao próximo, expressar amor e gratidão a Deus e respeitar a natureza.

Para isso, é necessário interromper e eliminar toda contaminação mental que recebemos ao longo da vida e renascer para um mundo novo que está lhe esperando.

PRATIQUE A HUMILDADE E O PERDÃO

Expandir a consciência é mais do que acender a própria luz, é ser luz na vida de outras pessoas que se encontram perdidas na escuridão. Um expandido se permite ser instrumento da espiritualidade e ser usado para promover o bem. Ele não precisa chamar atenção para si nos lugares que frequenta, porque sua missão é amar e servir – e isso significa fazer brilhar a luz dos outros. O escritor Augusto Cury escreveu que "Jesus era grande, mas se fazia pequeno para tornar grandes os pequenos".[25]

---

25 CURY, A. **O Mestre dos mestres**: Jesus, o maior educador da história. Rio de Janeiro: Sextante, 2011.

Assim, quando um expandido encontra seu público, as coisas que ele diz não são sobre ele ou para seu benefício próprio, mas, sim, para elevar a energia do outro. Quando expõe suas ideias, ele o faz sem recorrer a gritos histéricos, dedos em riste, relatos pessoais de ostentação, engrandecimento do ego ou histórias tristes conduzidas para manipular. Um expandido faz seu trabalho como tem de ser feito: de modo humilde, verdadeiro e com o coração aberto.

Ser humilde é ter consciência das próprias limitações. A diferença do sábio e do inteligente é que o inteligente briga, discute, bate na mesa tentando provar suas teses, ao passo que o sábio simplesmente observa tudo em silêncio e aprende com os erros do inteligente. A humildade é um sinal de sabedoria. "E aquele que a si mesmo se exaltar será humilhado; e aquele que a si mesmo se humilhar será exaltado", disse Jesus (Mateus 23:12). A humildade nos ajuda a reconhecer nossas imperfeições, mas de maneira diferente da crítica.

Quando alguém nos critica, expõe todos os nossos pontos fracos. O crítico tenta nos pegar de surpresa e nos deixar indefesos, expostos e vulneráveis. O humilde, porém, é sábio porque reconhece antecipadamente todas as suas imperfeições. Quando você começa a fazer isso, sai imediatamente do alvo da metralhadora do crítico. O crítico não precisará lembrá-lo de suas imperfeições, pois o humilde parte do princípio de que ele é um ser imperfeito em busca de evolução.

O humilde não deve ser confundido com o submisso. Submeter-se a uma pessoa, uma autoridade, uma lei, uma força é postura de quem é submisso, assim como a disposição para aceitar um estado de dependência emocional, afetiva ou financeira, ou o estado de rebaixamento. A humildade apresenta outro aspecto, é aquela pessoa que tem respeito e reverência a todas as outras, sem discriminação de classe social ou crença, porque ela sabe que, por conta de nossa conexão espiritual, somos todos um.

Quanto ao receio de saber se os humildes têm sucesso na vida ou se são capazes de influenciar alguém, a psicologia mostrou que as pessoas ficam mais conectadas àquilo que vai ser dito quando começamos admitindo humildemente que também estamos longe da perfeição. Ao usar a humildade nos contatos diários, um expandido

198   EXPANDIDOS

pode operar verdadeiros milagres nas relações humanas, porque humildade e respeito andam de mãos dadas e também são chaves para a expansão da consciência.

Todos nós temos um talento especial para alguma coisa, contudo, um expandido é discreto e não faz propaganda disso para outras pessoas. Como ensina um pensamento de Lord Chesterfield: "Seja mais sábio que as outras pessoas, se puder; mas nunca lhes diga isso".[26]

Cultivemos boas amizades ao longo da vida, e nunca, em momento algum, nem por brincadeira, diga aos outros que você sabe mais, consegue fazer melhor ou entende mais de um assunto, mesmo que seja verdade. Um expandido, ao meditar, entra em contato com a sabedoria universal, mas evita fazer demonstração de superioridade intelectual diante das pessoas pelas quais sente afeto. Tal comportamento pode humilhar quem o observa, afastando aquela pessoa de seu círculo.

Além da humildade, um expandido cultiva o perdão, um dos mais poderosos mecanismos de cura da raça humana. Experimentar a vida machuca. Relações pessoais e afetivas, vez ou outra, decepcionam, mas o expandido compreende que está aqui para experimentar a dualidade. Ele jamais reconheceria a alegria se não existisse a tristeza para comparar. Jamais saberia o que é calor se não existisse o frio, ou jamais sentiria o alívio do perdão se em alguns momentos da vida ele não passasse pela experiência do ressentimento.

Para construir um novo ser dentro de você e curar todos os traumas existentes, é preciso cultivar o perdão. O perdão é um presente que você se dá. Ele o liberta das correntes do passado e abre espaço para a cura necessária. E, como vimos ao longo da leitura, curar a si mesmo abre um caminho maravilhoso para a expansão de sua consciência. Silencie sua mente. Medite. Encontre as mãos magnetizadas pelo rei Sol em seu coração. Converse com sua alma.

Pergunte: quais ressentimentos você está carregando? Veja um filme mental surgir e pratique o perdão em cada cena. Um expandido

---

26 SEJA mais [...]. **Pensador**, [s. l.], 2024. Disponível em: https://www.pensador.com/frase/MTg5MDc1MA/. Acesso em: 24 jan. 2024.

perdoa o próximo, pois, com Jesus, ele aprendeu que "e perdoa-nos as nossas dívidas, como nós perdoamos aos nossos devedores" (Mateus 6:12). Não é seu papel julgar se a pessoa realmente merece, mas olhar para o outro como Cristo olharia para você. Perdoe simplesmente porque você merece paz mental para continuar em sua jornada de expansão.

CAPÍTULO 14

O NASCIMENTO DE UMA NOVA CIVILIZAÇÃO

> " Mas o fruto do Espírito é: amor, alegria, paz, paciência, benignidade, bondade, fé, brandura, temperança."
> **GÁLATAS 5:22-23**

CERTA VEZ, QUANDO TINHA 10 ANOS E VIVIA COM MINHA família no Rio de Janeiro, estava a caminho da casa de um amigo para brincar. Andando pela calçada, algo chamou minha atenção: uma folha de caderno branca, cuidadosamente dobrada em forma de quadrado, repousava no chão, do outro lado de um muro com grades de ferro. Movido pela curiosidade, estendi a mão através das grades e apanhei a folha. Ao desdobrá-la, deparei-me com uma página inteira escrita à mão, em tinta azul, contendo uma "corrente de oração". No entanto, havia um detalhe perturbador ao final da mensagem: quem lesse a carta deveria fazer sessenta cópias idênticas e distribuí-las em sessenta residências. Caso contrário, uma desgraça recairia sobre a pessoa ou um membro de sua família. Para reforçar essa ameaça, a carta narrava histórias terríveis de infortúnios que acometeram aqueles que ignoraram a mensagem.

Aos meus 10 anos, aquilo representou um grande dilema: propagar uma mensagem baseada no medo ou correr o risco de algo ruim acontecer a mim ou a minha família. Sem ter com quem conversar, pois meus pais trabalhavam o dia todo, e envergonhado por ter pegado algo que não era meu, fiquei atormentado com o que fazer. Ao chegar em casa, ainda abalado, refugiei-me no banheiro, ajoelhei-me e comecei a rezar, implorando por uma solução que não prejudicasse ninguém.

Foi então que, em meio ao silêncio e às lágrimas, ouvi uma voz calma e amorosa, que me orientou a rezar cinquenta Pai-Nossos e cinquenta Ave-Marias todos os dias, durante sessenta dias – o número de cópias que a carta exigia. Naquele momento, não compreendi totalmente, mas hoje reconheço que a orientação era rezar o terço, um ritual profundamente enraizado na fé cristã. Segui essa orientação com devoção.

No sexagésimo dia, após concluir minha última série de orações, ainda ajoelhado sobre o chão frio do banheiro, segurei firmemente a carta em minhas mãos. Com um gesto deliberado, rasguei-a em pedaços, rompendo definitivamente a corrente que tanto me angustiara. Nesse ato de libertação, senti como se estivesse dissipando todas as sombras de culpa e medo que haviam se acumulado em meu coração por ter pegado aquele papel.

Esse gesto não era apenas a destruição física de um pedaço de papel; era um rito de purificação e cura. Com cada pedaço que se separava, liberava-se também uma parte da pesada carga que eu, em minha inocência infantil, havia carregado durante aqueles sessenta dias. Naquele momento, percebi o real poder da fé e da intuição, compreendendo que a verdadeira corrente que precisava ser quebrada não era a do papel, mas a do medo que se alojara em minha mente jovem.

202   EXPANDIDOS

Ao longo deste livro, observamos como as escolhas que fazemos – sejam elas de grande magnitude, como mudar de cidade ou de emprego, sejam pequenas, como pegar um pedaço de papel no chão – têm o poder de transformar instantaneamente nosso estado mental, nosso humor, nossa energia e a forma como interagimos com o mundo. Se a vida fosse um jogo de tabuleiro, essas escolhas seriam nossos movimentos estratégicos, determinando ganhos ou perdas.

E aqui reside a verdadeira magia da vida: a inevitabilidade da escolha. Mesmo a decisão de não escolher é, em si, uma escolha. A magia se manifesta na capacidade de lidar com as consequências dessas escolhas, mesmo que nos tragam dor. A dor pode ser inevitável, mas o sofrimento é uma opção. A clareza para lidar com nossas escolhas encontra alívio na expansão da consciência e, como exploramos neste livro, há muitos caminhos para alcançar esse estado elevado de percepção.

No exemplo pessoal que compartilhei, o arrependimento e as lágrimas não apenas mudaram minha percepção como também aguçaram minha intuição e me conectaram com o divino. Assim, a prática da oração também se revelou um caminho poderoso para a expansão da consciência. Quando oramos com fé genuína e com todo o nosso coração, milagres podem se manifestar. Orar cem vezes por sessenta dias transformou completamente minha energia, elevou minha vibração e atraiu uma rede de proteção divina. Essa proteção se manifestou em diversas experiências em minha vida, como o toque gelado na testa que me despertou e preveniu um acidente de carro, o portal com três anjos que se abriu diante de mim, o convite de um amigo para conhecer uma medicina sagrada ou a atmosfera energética que me conduziu ao lar da Sagrada Família no Egito.

Se naquele dia eu tivesse escolhido seguir meu caminho e brincar na casa de meu amigo, ignorando aquela folha no chão, teria evitado a penitência que se seguiu. Contudo, ao enfrentar aquela experiência, expandi os horizontes de minha consciência e abri as portas para uma vida permeada de mistérios sobrenaturais. A vida, em sua sabedoria infinita, está constantemente nos convidando a viver experiências que, de uma forma ou de outra, contribuem para nosso crescimento e evolução.

É essencial, portanto, abraçar com responsabilidade e coragem todas as situações que a vida nos apresenta. Estou convencido de que há uma força maior que nos sustenta nos momentos desafiadores. No entanto, para reconhecer e acolher as orientações dessa força, precisamos estar abertos e com a mente expandida. Somente assim podemos realmente perceber e integrar as lições que cada experiência tem a oferecer.

Era uma vez, um alpinista determinado que sonhava em conquistar o Everest. Ele se preparou por anos, focando toda sua energia e fé nesse objetivo. Quando finalmente chegou o momento, ele iniciou a escalada com determinação e esperança, rezando para alcançar o topo.

Conforme subia, o clima se tornou extremamente adverso. O vento forte e a neve intensa dificultavam cada passo, mas ele seguia firme, rezando por um milagre que clareasse o tempo. Enquanto isso, um grupo de alpinistas experientes o alcançou, oferecendo ajuda e sugerindo que descesse para se abrigar da tempestade iminente. Ele recusou, confiante de que sua fé o levaria ao cume.

A tempestade piorou, e a visibilidade se tornou quase nula. Uma equipe de resgate apareceu, avisando sobre os perigos extremos e insistindo para que ele retornasse com eles. Mais uma vez, ele recusou, afirmando que sua fé no sucesso era inabalável.

Quase no topo, em condições extremamente perigosas, um helicóptero de resgate conseguiu se aproximar. Lançaram uma corda para salvá-lo, implorando que ele aceitasse a ajuda. Novamente, ele sinalizou que não iria, pois acreditava que sua fé o levaria ao topo.

Infelizmente, a tempestade se intensificou, e o alpinista foi vencido pelo clima brutal e não conseguiu sobreviver.

Ao alcançar o outro mundo, ele expressou sua frustração por suas preces não terem sido atendidas. Foi então que lhe explicaram: "Como não foram atendidas? O clima extremo da montanha, o alerta do grupo de alpinistas, o helicóptero de resgate... todos ofereceram-lhe várias chances de sobrevivência. Sua fé deveria ter incluído a sabedoria de reconhecer o momento de avançar ou recuar".

Enquanto buscamos nossos sonhos e objetivos, devemos estar abertos a ajudas e oportunidades que o universo nos oferece. A fé é importante, mas também é essencial reconhecer e aceitar as mãos estendidas em nossa jornada.

Nos momentos mais desafiadores de sua vida, certamente surgiram sinais ou mensageiros divinos para salvá-lo, protegê-lo ou simplesmente orientá-lo. Talvez você tenha captado a essência dessas lições e tenha evoluído, ou talvez não tenha percebido esses sinais por não estar verdadeiramente preparado naquela ocasião. Agora, no entanto, você possui as chaves para a expansão e para atrair bênçãos em sua vida. A conexão com seu reino interno e com seu conhecimento inesgotável é o maior benefício da expansão da consciência.

Ao longo deste livro, você não apenas adquiriu conhecimento como também desenvolveu uma compreensão mais profunda de quem é e do potencial que possui para se tornar. Cada reflexão e cada prática foram como tijolos na construção de sua nova mentalidade. Hoje, você emerge como um ser humano mais consciente, mais autêntico e mais capacitado.

Ao concluir a leitura deste livro, você está pronto para quebrar as "correntes" que o limitavam e para se conectar com um universo repleto de maravilhas. Você alcançou o final de uma extraordinária jornada de autodescoberta, transformação e expansão. Juntos, percorremos cada página com dedicação. Você experimentou rituais diversos, mergulhou nas profundezas de seu ser e explorou territórios antes desconhecidos. Agora, é momento de celebrar essa conquista notável e vislumbrar o futuro brilhante que você está moldando.

Com essas poderosas ferramentas em mãos, é essencial não permitir que elas se percam ou sejam esquecidas. Transforme esse conhecimento em ação concreta. Aplique as técnicas que aprendeu, pratique os exercícios nos momentos em que lhe forem mais propícios e permita que essa nova energia de amor, luz e paz se torne parte integrante e vital de sua vida diária.

Recomendo também que não pare por aí. A jornada de expansão da consciência é um chamado para compartilhar a luz do conhecimento com aqueles ao seu redor. No mundo existem bilhões de seres humanos presos a "correntes" que precisam ser quebradas. É dever moral de um expandido levar esse conhecimento a essas pessoas. Imagine o nascimento de uma nova civilização, onde cada pessoa se esforça para se conhecer profundamente, para viver com propósito de amar e servir ao próximo e com a capacidade para se conectar com o ambiente e com os outros de maneira significativa. Esse é o mundo que podemos criar juntos.

Por isso, esse conhecimento não pode parar em você. Precisamos juntos formar um exército de expandidos no mundo. Então, fotografe este livro, publique em suas redes, indique para outras pessoas. Compartilhe as ideias aqui presentes com seus amigos, familiares, colegas e todos aqueles que estão prontos para embarcar nessa jornada de transformação. Convide-os a explorarem estas páginas, praticarem os exercícios aqui mencionados e se tornarem os novos exploradores da consciência e seres humanos que reconhecem e experimentam as maravilhas desse mundo invisível que nos cerca.

Cada pessoa que se junta a essa jornada não apenas se transforma em um expandido, mas também contribui para a transformação do mundo. Imagine uma comunidade global de indivíduos conscientes, trabalhando juntos para criar um mundo mais amoroso, com respeito ao próximo, protegendo a natureza e cheios de potencial. Você faz parte dessa mudança.

À medida que continua sua jornada, lembre-se de que você é capaz de mais do que imagina. Você tem o poder de moldar sua realidade, de criar a vida que deseja viver. Não importa onde você está agora, pode sempre escolher o próximo passo em direção ao crescimento e à expansão.

Celebre essa conquista. Celebre a jornada que você percorreu, as barreiras que superou e as novas alturas que alcançou. E, enquanto celebra, saiba que isso é apenas o começo. Quando se fala em expansão da consciência, a jornada nunca acaba. Há sempre mais para descobrir, para aprender, para se tornar.

Portanto, continue avançando com coragem, amor e propósito. Você é a mais nova luz que brilha em um mundo que anseia por transformação. Assuma este que é seu verdadeiro papel, compartilhe essa luz e, juntos, como uma comunidade de exploradores da consciência, vamos criar um mundo mais expansivo, mais consciente e mais justo.

Agradeço a você por embarcar nessa jornada. Agora, é hora de "quebrar as correntes", abraçar o futuro com entusiasmo e fazer a diferença. Siga adiante, querido explorador, e que sua jornada seja repleta de amor, crescimento e realizações. O mundo está esperando para ver você expandir e brilhar.

Com carinho,

Renato Alves
@renatoalves.real

Este livro foi impresso pela Edições Loyola em
papel lux cream 70 g/m² em abril de 2024.